STEP 4

[뉴] New 뱅크일본어

박순애
오카 도시미츠
고미네 리나

동양books

[뉴] New
뱅크 일본어 STEP 4

개정 1쇄 | 2013년 3월 10일

지 은 이 | 박순애, 오카 도시미츠, 고미네 리나
발 행 인 | 김태웅
총 괄 | 권혁주
편 집 | 조혜연
디 자 인 | 차경숙
마 케 팅 | 서재욱, 정상석, 이규태, 장영임,
김귀찬, 왕성석, 김철영
제 작 | 현대순

발 행 처 | 동양북스
등 록 | 제 10-806호(1993년 4월 3일)
주 소 | 서울시 마포구 동교로 22길 12
전 화 | (02)337-1737
팩 스 | (02)334-6624
웹사이트 | http://www.dongyangbooks.com
http://www.dongyangtv.com

ISBN 978-89-8300-744-5
978-89-8300-740-7 14730(세트)

머리말

현재 한국에는 목적별로 다양한 일본어 교재들이 출판되고 있고, 또 근래에 와서는 일본에서 만들어진 교재들도 많이 들어오고 있습니다. 옛날에 비하면, 교재 선택의 폭이 넓어졌고, 또 일본 유학을 다녀온 교사(강사)나 일본인 교사(강사)가 많아짐에 따라 자연스러운 일본어를 접할 기회도 많아졌다고 할 수 있습니다. 그러나 서점에 즐비한 일본어 교재들을 보면 다음과 같은 문제점들을 발견하게 됩니다.

1. 문법 학습 순서를 너무 중요시한 나머지 어색한 본문
2. 실생활과 동떨어진 예문
3. 현대 일본에서는 쓰이지 않는 표현 및 어휘
4. 잘못 해설된 문법
5. 한국인 학습자를 고려하지 않은 구성

또, 위의 문제들 말고도 초급에서 중급, 중급에서 고급으로 가는 학습자들이 필요로 하는 교재가 없는 것도 문제점의 하나로 들 수 있습니다.
본 교재는 이와 같은 문제점들을 고려하여 초급 학습자의 회화 운용 능력과 어휘력 향상, 그리고 중급 학습자의 초급 문법의 약점 보강 및 총 복습을 하는 데 도움이 되도록 아래와 같은 사항에 주안점을 두고 편집하였습니다.

1. 현대 일본에서 일상적으로 쓰이는 자연스러운 일본어로 본문을 구성한다.
2. 실제 회화에서 어떻게 쓰이는가를 명확히 하기 위해, 한 과에서 하나의 문형을 다룬다.
   (필요에 따라 관련된 문형은 두 개 정도)
3. 흥미 있는 학습을 위해 다양한 그림을 넣는다.

많은 사람들이 어학 학습 자체에 대해서 처음에는 재미없을 것이라고 생각합니다. 어학 학습은 말하자면, 하나씩 단어를 암기하고, 문법을 암기하고, 관용구를 암기해야 하는 끝없는 암기 지옥인 것입니다.
어학 공부의 진정한 의미는 학습한 단어나 문법을 사용하여 미지의 세계의 문을 열었을 때입니다. 이제까지 몰랐던 다른 나라의 문자, 말, 사회, 문화 등을 알았을 때의 기쁨은 말로 다 표현할 수 없을 정도일 것입니다. 그러나 현실에서는 그 문을 열기도 전에 포기하는 사람이 너무나 많습니다. 또한, 그 책임은 일본어 교재에도 있을 것입니다. 그러한 책임감 아래, 이 New 뱅크 일본어회화 초급2는 학습자 여러분이 즐겁게 자연스러운 일본어를 공부할 수 있도록 만들었습니다.
따라서, 이 교재가 일본어를 통해 새로운 세계를 열어가고자 하는 여러분의 좋은 동반자가 될 수 있기를 진심으로 기원합니다.

끝으로 이 교재를 만드는 데 많은 도움을 주신 분들과 일본어뱅크 임직원 여러분들의 노고에 이 자리를 빌어 깊은 감사를 드립니다.

岡 俊光

Toshimitsu OKA

일러두기

01 이 교재의 학습목표는 첫째, 일본어의 기본 문형을 익히고 둘째, 반복되는 연습문제(회화 연습)를 통하여 많은 표현과 어휘를 학습하고 셋째, 일본어의 다양한 활용능력을 높이고자 하는 데 있습니다.

02 이 교재의 구성은 기본문형을 이용한 회화체 본문과 회화 표현, 문법 표현, 회화 연습, 잠깐만요 등의 다양한 항목으로 되어 있습니다.

03 각 과의 본문은 설정된 장면에 적합한 자연스러운 회화체 표현이 되도록 노력하였습니다.

04 회화 표현에는 일본어 표현의 우리말 뜻보다는 그 표현이 어떤 상황에서 어떻게 쓰이는가를 설명하는데 주안점을 두었습니다.

05 잠깐만요에서는 한자의 訓과 音을 제시하고 각각의 빈도수가 높은 어휘를 예로 들어 한자 학습에 도움이 되도록 했고, 하나 더!에는 일본의 생활 사정, 언어습관, 독특한 표현에 대해 짤막하게 실어 보았습니다.

06 회화 연습에서는 그 과에서 다루고 있는 기본 문형을 이용하여 실제 회화에서 바로 쓸 수 있는 예문을 중심으로 충분히 연습할 수 있도록 엮었습니다. 다소 생소한 단어들이 많이 나오겠지만, 꼭 알아두어야 할 기본 어휘이므로 본문의 낱말과 표현을 잘 이용하여 어휘력을 높이기 바랍니다.

07 이 책에 나오는 용어는 다음과 같습니다.

名 : 名詞(명사)	形 : 形容詞・イ形容詞
動 : 動詞(동사)	ナ形 : ナ形容詞
代名詞(대명사)	副詞(부사)
連体詞(연체사)	接続詞(접속사)
数詞(수사)	感動詞(감동사)
助詞(조사)	接頭語(접두어)
助動詞(조동사)	接尾語(접미어)

08 마지막으로 더 효과적인 학습을 위해 부록으로 수록한 기초 어휘와 표현을 네이티브 음성으로 녹음 했으니 적극적으로 활용하시기 바랍니다. 이상으로 이 교재를 학습하는 데 길잡이가 될 만한 내용을 간략하게 정리해 보았습니다.
부디 여러분의 일본어 회화 실력 향상에 도움이 되기 바라며, 아낌없는 질책과 조언을 부탁 드립니다.

朴舜愛

차례

Contents

Contents

주인공들

たかはしゆうこ
高橋優子

다카하시 유코

21세

대학을 휴학하고 한국으로 어학연수 온 여성

キムヨンス
金英洙

김영수

22세

대학을 휴학하고 병역 복무 중인 남성

Unit 21

今日もプールで泳いでいます。

현재진행 • 습관 ～ています

회화 표현

もしもし 여보세요
전화상에서 상대방에게 말을 거는 표현이다.

最近はどうしていますか 요즈음 어떻게 지내십니까?
상대방의 안부를 물을 때 쓰는 표현이다.

～に凝っているんです ～에 몰두하다, 열중하다
주로 に凝っている형으로 쓰인다.

• 水泳に凝っているんです。 수영에 몰두하고 있습니다.
• この頃は写真凝っています。 요즘은 사진에 열중하고 있습니다.

へえ、水泳ですか 어, 수영입니까?
へえ는 '허, 그래, 저런'의 뜻으로, 어떤 일에 감탄하거나 의외라고 생각할 때 내는 말이다.

Conversation

회화

高橋　もしもし、わたくし、高橋と申しますが、金英洙さんいらっしゃいますか。

金　ああ、高橋さんですか。わたしです。

高橋　久しぶりですね。最近(さいきん)はどうしていますか。

金　相変わらずですよ。毎日、家でゴロゴロしています。

高橋　わたしは韓国語の勉強をしています。なかなか上手になりませんが…。

金　そうですか。ところで、友達の木村さんはどうしていますか。

高橋　彼女は最近、水泳(すいえい)に凝(こ)っているんです。今日もプールで泳(およ)いでいますよ。

金　へえ、水泳ですか。高橋さんは何かスポーツをしていますか。

高橋　わたしは…、
ダイエットをしています。

낱말과 표현

もしもし 여보세요 | わたくし わたし의 격식을 갖춘 말 | ゴロゴロ 빈둥빈둥, 데굴데굴(의태어나 의성어 등은 カタカナ로 표기하기도 한다) | 最近 최근(에) | 水泳 수영 | 凝る 몰두하다, 열중하다 | プール 풀, 수영장 ▶pool | へえ 허 그래? | スポーツ 스포츠, 운동 ▶sports | ダイエット 다이어트 ▶diet

Point

문법 표현

01 動~ています

~ている의 문형에는 ①動作 · 作用의 진행이나 습관적인 반복, ②動作 · 作用의 결과의 상태, 두 가지의 뜻이 있는데, ②에 관한 것은 다음 과에서 설명하기로 하겠다.

今日は朝から雨が降っています。 〈진행〉

わたしは毎日スポーツをしています。〈습관〉

日本語を鐘路(チョンノ)の日本語学校で勉強していました。〈과거 일정기간 동작의 계속〉

[비교] ·今(いま)からご飯を食べます。 〈미래〉

·今、ご飯を食べています。 〈현재진행〉

·もうご飯を食べました。 〈과거〉

02 (場所)で

~で는 動作 · 作用이 행해지는 장소를 나타내는 助詞로서 '~에서'의 뜻이다.

今日は家で休んでいます。

図書館(としょかん)で本を読みます。

회화 연습

○ 다음 질문에 ex 와 같이 답하세요.

ex 今、何をしていますか。(勉強する)

→ 今、勉強しています。

1 今、何をしていますか。(部屋の掃除(そうじ)をする)

→

2 今、何をしていますか。(昼ご飯を食べる)

→

3 今、何をしていますか。(本を読む)

→

낱말과 표현

掃除 청소

Drill

회화 연습

4 昨日は何をしていましたか。(会議の報告書(ほうこくしょ)を書(か)く)

→

5 昨日は何をしていましたか。(論文(ろんぶん)の資料(しりょう)を集(あつ)める)

→

6 最近は何をしていますか。(毎日・プール・泳ぐ)

→

7 最近は何をしていますか。(スポーツクラブ・通(かよ)う)

→

낱말과 표현

報告書 보고서 | **論文** 논문 | **資料** 자료 | **集める** 모으다 | **スポーツクラブ** 스포츠클럽 ▶sports club | **通う** 다니다

잠깐만요

近

訓 ちかい
音 キン

· 近道[ちかみち] 지름길
· 近代[きんだい] 근대

水

訓 みず
音 スイ

· 水と油[みずとあぶら] 물과 기름
· 水道[すいどう] 수도

하나 더!

もしもし

'여보세요'라는 뜻으로, 전화를 거는 사람이 상대방에게 건네는 말입니다. 받는 사람은 もしもし라고 하지 않고, 보통 田中でございます(다나카입니다)와 같이 성(姓)을 말한다.
한편, 길에서 말을 묻거나 식당 같은 곳에서 사람을 부를 때는 もしもし보다 すみません이라는 말을 많이 쓴다.

Unit 22

メガネをかけています。

~ています

회화 표현

わたしの代わりに 저 대신에
名の代わりに는 '名대신에'라는 표현이다.
動詞의 경우에는 **行く代わりに** (가는 대신에)
形容詞의 경우에는 **いい代わりに** (좋은 대신에)
ナ形容詞의 경우에는 **静か代わりに** (조용한 대신에)

急用ができて… 급한 일이 생겨서…
急用는 '급한 볼일, 급한 용무'의 뜻이고, 여기서 **できる**는 '생기다'의 뜻이다.

メガネをかけています
안경을 썼습니다, 안경을 쓰고 있습니다
メガネをかける는 '안경을 쓰다'라는 뜻의 관용적인 표현이다.

Conversation

회화

高橋　金さん、すみませんが、わたしの代(か)わりに空港(くうこう)へ行ってくださいませんか。

金　いいですけど、どうしてですか。

高橋　日本から友だちが来るんですが、わたしは今日、ちょっと急用(きゅうよう)ができて…。

金　ええ、いいですよ。それで、どんな人ですか。

高橋　名前(なまえ)は鈴木良子(すずきよしこ)、女性です。髪(かみ)が長くて、とても痩(や)せています。

金　鈴木良子、女性、髪が長い、とても痩せている。それから。

高橋　メガネをかけています。それから髪はストレートにしています。

金　メガネをかけている、髪はストレートにしている。服装(ふくそう)は。

高橋　花柄(はながら)のワンピースを着(き)て、白(しろ)い靴(くつ)をはいています。

낱말과 표현

代わりに 대신에 | 空港 공항 | 急用 급한 볼일 | どんな 어떤 | 名前 이름 | 痩せる 마르다 | メガネ 안경 | かける 걸다, 쓰다 | ストレート 스트레이트 ▶straight | 服装 복장 | 花柄 꽃무늬 | ワンピース 원피스 ▶one-piece | 白い 하얗다 | 靴 구두 | はく (양말 · 신발을)신다, (바지 · 치마를)입다 ↔ 脱(ぬ)ぐ (벗다)

Point

문법 표현

01 動~ています

여기서는 '~해 있습니다'라는 뜻으로, 動作·作用의 결과의 상태를 나타낸다.

雨(あめ)はもうやんでいます。

山本(やまもと)さんはさっきから来ています。

痩(や)せています。

青山(あおやま)さんはグレーのスーツを着ています。

瞬間動詞 : 落(お)ちる・立つ・座(すわ)る・待つ・着る・止(と)まる 등		
시작	종료	현재의 상태
財布(さいふ)が落ちます (지갑이 떨어집니다)	財布が落ちました (지갑이 떨어졌습니다)	今、財布が落ちています (지갑이 떨어져 있습니다)

山本さんは12時に来ました。 〈시점 : 과거〉

山本さんは来ています。 〈시점 : 현재〉

02 どんな 名

こんな, そんな, あんな, どんな (이런, 그런, 저런, 어떤) 등은 連体詞로서 체언을 수식하는 말이다.

そんなこと

どんなもの

Drill

회화 연습

다음 질문에 ex 와 같이 답하세요.

ex 山田さんは来ましたか。

→ はい、山田さんは来ています。

1 傘(かさ)は持ちましたか。

→

2 ネクタイはしめましたか。

→

3 月は出ましたか。

→

낱말과 표현

傘 우산 | ネクタイ 넥타이 ▶necktie | しめる 매다

4 学生はみんなバスに乗(の)りましたか。

→

5 学生はみんな座りましたか。

→

6 電気(でんき)はつきましたか。

→

7 授業は終わりましたか。

→

낱말과 표현

バス 버스 ▶bus | 乗る 타다 | 電気 전깃불 | つく (불이) 켜지다

Unit 23

もう空港に着きましたか。

もう・まだ

회화 표현

どちら様でしょうか 누구세요?, 누구신지요?
전화가 걸려 왔을 때 상대의 이름을 물어 보거나, 모르는 사람이 찾아 왔을 때 쓰는 표현

もうに~たんですか 벌써~했습니까?
・ もう空港に着いたんですか。 벌써 공항에 도착했습니까?

まだ~ていないんです 아직 ~하지 않았습니다
もう~たんですか에 대한 대답 표현의 하나이다.
・ まだ会っていないんです。 아직 못 만났어요.

も ~이나
여기서 も는 '~이나'라는 뜻으로 강조를 나타낸다.
・ もう20分も探しました。 벌써 20분이나 찾았습니다.

Conversation

회화

高橋　はい、高橋ですが、どちら様でしょうか。

金　もしもし、わたしです。金です。

高橋　ああ、金さん、もう空港に着いたんですか。

金　ええ、少し前に着きました。

高橋　それで、鈴木さんにはもう会いましたか。

金　それが、まだ会っていないんです。

高橋　えっ、まだ探していないんですか。

金　いいえ、もう20分も探していたんですが、見つからないんです。

高橋　おかしいですね。すみませんが、もう少し探してくださいませんか。

낱말과 표현

どちら様 '누구'의 경어, 어느 분 | 空港 공항 | 着く 도착하다 | 少し前に 조금 전에 | それで 그래서 | まだ 아직 | 探す 찾다 | 見つかる 발견되다 | おかしい 이상하다, 우습다

Point

문법 표현

01 動詞의 ない形

~ない는 부정을 나타내는 助動詞로서 우리말 '~지 않다'에 해당한다. 공손한 표현으로는 ~ないです가 있는데, 이것은 ~ません과 같은 의미이다.

	ない形으로 만드는 방법
一 Group 動詞	• 어미 ウ段음을 ア段음으로 바꾸고 ない를 접속한다. 단 어미가 う로 끝나는 것은 わ로 바뀐다. 書く → 書かない 話す → 話さない 帰る → 帰らない 言う → 言わない
二 Group 動詞	• 어미 る를 없애고 어간에 ない를 접속한다. 見る → 見ない 食べる → 食ない
三 Group 動詞	来る → こない する → しない 勉強する → 勉強しない

02 もう・まだ

もう는 '이미, 벌써'라는 뜻이고, まだ는 '아직'이라는 뜻의 副詞이다.

A : 宿題(しゅくだい)はもうしましたか。

B : はい、もうしました。

B : いいえ、まだしていません。/まだです。(○)

いいえ、まだしませんでした。(×)

※ '아직 안 했습니다'라고 할 때는 まだしていません 또는 まだです라고 해야 한다. まだ라는 말 자체가 '아직은 안 했지만 앞으로 할 가능성이 있다'는 뜻을 내포하고 있으므로 まだしませんでした로는 쓸 수 없다.

Drill

회화 연습

다음 동사를 ない形으로 바꾸세요.

会う		遊ぶ	
書く		飲む	
話す		帰る	
立つ		来る	
死ぬ		する	

ex 와 같이 말해 보세요.

ex もう今日の新聞を読みましたか。

→ いいえ、まだ読んでいません。

1 もう宿題は終わりましたか。

→

2 もう山田さんは帰りましたか。

→

3 必要なものはもう全部買いましたか。

→

4 もう先輩(せんぱい)にお金(かね)を返(かえ)しましたか。

→

낱말과 표현

先輩 선배 | **お金** 돈 | **返す** 돌려주다, 갚다

Unit 24

難しくなりましたから、勉強が進みません。

원인・이유 から

회화 표현

勉強ですか 공부하십니까?

～ですか의 형태로 '～입니까?'라는 뜻인데, 여기서는 단순한 의문문이 아니라, 상대방을 보고 무엇을 하고 있는지 바로 알 수 있을 때 인사말 대신 많이 쓰는 표현이다.

- お出掛けですか。
  (외출복을 입고 나오는 사람을 보고) 외출하세요?
- 今、お帰りですか。
  (집 부근에서 외출에서 돌아오는 사람을 보고) 지금 돌아오십니까?

それは大変ですね 그것 참 힘들겠군요

大変だ는 '힘들다, 대단하다'라는 뜻으로, 상대방이 힘들어 보일 때 맞장구를 쳐주는 표현이다.

Conversation

회화

金　珍(めずら)しいですね。勉強ですか。

高橋　ええ、来週からテストですから。

金　それは大変ですね。勉強は進(すす)んでいますか。

高橋　それが、なかなか進まないんです。勉強も難しくなりましたから。

金　そうですか。何か手伝(てつだ)いましょうか。

高橋　じゃ、これを教えてください。違(ちが)いが全然分からないんです。

金　どこですか。

高橋　これです。'만'と'뿐'はどう違いますか。

金　う～ん、ちょっと使(つか)い分(わ)けが難かしいですね。

낱말과 표현

珍しい 드물다 | テスト 시험 ▶test | 進む 진행되다 | 手伝う 돕다 | 違い 차이, 다른 점 違いです (차이입니다) 違います (다릅니다) | 使い分け 가려 쓰는 것

Point

문법 표현

01 ~から

~から는 주로 주관적인 原因, 理由를 나타내는 接続助詞이다.

動~る · 形~い · ナ形 ~だ · 名 ~だ, ~ます, ~です형 등에 접속하며, 문장의 끝에 올 때는 ~から(~기 때문에) ~からです(~기 때문입니다)와 같이 사용된다.

寒いから、窓(まど)を閉(し)めてください。

すぐ帰るから、待ってください。

わたしがしますから、休んでください。

この服(ふく)は白いですから、すぐ汚(よご)れます。

彼女はきれいですから、人気(にんき)があるのです。

明日から休みですから。

昨日休んだのは頭(あたま)が痛(いた)かったからです。

Drill

회화 연습

◯ 다음 질문에 ex 와 같이 답하세요.

ex どうして食事をしないんですか。(歯(は)が痛(いた)い)
→ 歯が痛いからです。

1 どうしてあの人は男の人にもてるんですか。
(きれいだ・優(やさ)しい)
→

2 どうしてこのデジカメは高いんですか。(日本製)
→

3 どうして帰えらないんですか。
(仕事がたくさん残っている)
→

낱말과 표현

歯 이 | 痛い 아프다 | もてる (여자・남자에게) 인기가 있다 | 優しい (마음씨가) 곱다, 상냥하다 | デジカメ 디지털카메라(デジタルカメラ의 줄임말)

Drill

회화 연습

4 どうして買わないんですか。(お金が無(な)い)

→

5 どうして出発(しゅっぱつ)しないんですか。(まだ田中さんが来ていない)

→

6 どうして写真を撮(と)らないんですか。(フィルムを全部使(つか)った)

→

7 どうしてコートを着ないんですか。(まだ寒くない)

→

낱말과 표현

無い 없다 | 出発 출발 | 使った 사용하였다→使う (사용하다) | コート 코트 ▶coat

Omake

잠깐만요

所 訓 ところ
音 ショ

· 所々[ところどころ] 여기저기
· 住所[じゅうしょ] 주소

来 訓 くる · きたる
音 ライ

· もうすぐ春が来る
[もうすぐはるがくる] 곧 봄이 온다
· 来る２０日[きたるはつか] 오는 20일
· 未来[みらい] 미래
· 来週[らいしゅう] 내주

하나 더!

珍しい（めずらしい）

珍しい에는 '드물다, 희귀하다, 이상하다, 새롭다'등 여러 가지의 의미가 있다. 珍しいですね。勉強ですか。라는 표현은 평소에는 공부하지 않는 사람을 보고 '드물고 이상한 일이네요. 공부하십니까?'라는 뜻이고 또 珍しいもの라고 하면, 문맥에 따라 '보기 드문 귀한 물건, 이상하고 새로운 물건'등의 뜻이 된다.

Unit 25

日本に帰りたいです・韓国に来たがっています。

희망・제3자의 희망 ～たいです・～たがっています

회화 표현

どうしようかなあ 어떻게 하지?, 어쩌면 좋아
당황하거나, 곤란한 일이 생겼을 때 걱정하는 표현의 혼잣말이다. ～なあ는 문장 끝에 붙어서 망설이는 감정을 나타낸다.

溜め息なんかついて 한숨을 다 쉬고
～なんか는 '～같은 것'이라는 뜻이고, **溜め息をつく**는 '한숨을 쉬다'라는 뜻의 관용구이다.

相談にのりますよ 의논 상대가 되어 드릴게요
相談은 '상담, 의논'이라는 뜻으로, **相談にのる**는 '상담에 응하다'라는 뜻의 관용적인 표현이다.

Conversation

회화

高橋　あ～あ。どうしようかなあ。

金　どうしたんですか。溜め息なんかついて。

高橋　今、ちょっと困っているんです。

金　何ですか。わたしでよかったら相談にのりますよ。

高橋　実はわたしの一番下の妹が韓国に来たがっているんです。

金　韓国に留学したがっているんですか。

高橋　いえ、夏休みの間、韓国に旅行したがっているんです。

金　それが、どうして困るんですか。

高橋　わたしは夏休みの間は日本に帰りたいんですよ。

낱말과 표현

溜め息 한숨 溜め息をつく (한숨을 쉬다) | ～なんか ~같은 것 | 困る 곤란하다 | 相談 상담, 의논 相談にのる (상담에 응하다) | 下 밑 ↔ 上うえ | ～たがる ~하고 싶어하다 | 留学 유학 | 夏休み 여름방학 春休はるやすみ (봄방학) 冬休ふゆやすみ (겨울 방학) | 間 동안, 사이

Point

문법 표현

01 動～たいです

① ～たい는 희망이나 소망을 나타내는 助動詞로, 動詞의 ます形에 접속하여 '～하고 싶다'라는 뜻을 갖는다. ～たいです는 ～たい의 정중한 표현으로 '～하고 싶습니다'의 뜻이다.

② ～たい는 形容詞와 기본형이 같아 形容詞활용을 한다. 그리고 ～たい앞에 오는 목적어는 조사 が나 を를 취하는데, 어느 범위 안에서의 선택이나, 강조를 나타낼 때는 が가 온다.

コーヒーが飲みたいです。

旅行に行きたいです。

※旅行に行く는 '여행을 가다'라는 뜻의 관용구이다.

③ ～たい는 1인칭과 2인칭의 희망을 나타내고, 3인칭에 대해서는 ～たがる(～하고 싶어하다)를 쓰는데, 이 때 조사는 を를 취하고, 주로 ～たがっている의 형으로 쓰인다.

コーヒーが飲みたいです。 〈1인칭〉

コーヒーが飲みたいですか。 〈2인칭〉

コーヒーを飲みたがっています。 〈3인칭〉

※ ～たい는 그 의미상 2인칭에게는 의문형으로 쓰인다.

母(はは)は釜山に行きたがっています。

彼は彼女と結婚(けっこん)したがっています。

자신	제 3자
わたしはコーヒーを飲みます。 ↓ わたしはコーヒーが飲みたいです。	田中さんはコーヒーを飲みます。 ↓ 田中さんはコーヒーを飲みたがっています。

02 動~う/よう形(의지형)

~う/よう는 화자 자신의 의지나 상대방에 대한 권유를 나타내는 助動詞로, '~하겠다, ~하자'라는 뜻이다.

	(よ)う形으로 만드는 방법
一 Group 動詞	• 어미 ウ段음을 オ段음으로 바꾸고 う를 접속한다. 買う → かおう → 買おう 書く → かこう → 書こう 話す → はなそう → 話そう 立つ → たとう → 立とう 死ぬ → しのう → 死のう 飛ぶ → とぼう → 飛ぼう 読む → よもう → 読もう 帰る → かえろう → 帰ろう
二 Group 動詞	• 어미 る를 없애고 어간에 よう를 접속한다. 見る → みよう → 見よう 起きる → おきよう → 起きよう 食べる → たべよう → 食べよう 考える → かんがえよう → 考えよう
三 Group 動詞	来る → こよう → 来(こ)よう する → しよう → しよう 勉強する → べんきょうしよう → 勉強しよう

Drill

회화 연습

다음 질문에 ex 와 같이 답하세요.

ex 今、何がしたいですか。(ゆっくり休む)

→ ゆっくり休みたいです。

1 今、何がしたいですか。(車の免許(めんきょ)を取る)

→

2 学生時代、何がしたかったですか。(世界旅行(せかいりょこう)をする)

→

3 香港(ホンコン)の映画が見たいですか。(いいえ、邦画(ほうが)を見る)

→

낱말과 표현

免許 면허 免許を取る (면허를 따다) | 世界旅行 세계여행 | 香港 홍콩 | 邦画 방화(일본 영화)

4 学生時代、結婚(けっこん)したかったですか。(いいえ)

→

5 田中さんは今、何をしたがっていますか。(海外旅行(かいがいりょこう))

→

6 田中さんは今、日本に帰りたがっていますか。
(いいえ、中国に行く)

→

7 吉田さんは国際電話(こくさいでんわ)をかけたがっていましたか。(いいえ)

→

낱말과 표현

結婚 결혼 | 海外旅行 해외여행 | 国際電話 국제전화

Unit 26 財布を取りに行きます。

～に行く・来る・帰る

회화 표현

あれ 어!, 어머
갑자기 뭔가 이상하다고 생각될 때 쓰는 표현이다.

ごめんなさい 용서하세요, 미안해요
어떤 일을 잘못했거나 상대방에게 미안한 생각이 들 때 쓰는 표현으로 **すみません**보다 경어의 도가 낮고 주로 여성이 가볍게 사과할 때 많이 쓴다. 남성의 경우는 **わるい, ごめん**이라고 한다.

手紙を出しに行きますから 편지를 부치러 갈테니까요
手紙を出す는 '편지를 내다, 부치다'라는 표현이다.

Conversation

회화

高橋　あれ。

木村　どうしたんですか。

高橋　財布(さいふ)がないんです。

木村　下宿(げしゅく)に忘(わす)れて来たんじゃありませんか。

高橋　そうみたいですね。ごめんなさい、ちょっと財布を取りに行って来ます。

木村　ええ、どうぞ。わたしはその間にこの手紙を出(だ)しに行きますから。

高橋　そうですか。でも、この近くに切手(きって)を売(う)っていますか。

木村　ええ、近くに郵便局(ゆうびんきょく)がありますから、そこへ買いに行きます。

高橋　分かりました。それじゃ、すぐ戻(もど)って来ますから…。

낱말과 표현

あれ 어, 어머 | **財布** 지갑 | **下宿** 하숙(집) | **忘れる** 잊다, 물건을 잊고 두고 오다 **なくす** 잃다, 분실하다 **落とす** 물건 등을 깜빡 잊다, 분실하다 | **～みたいだ** ~같다 | **ごめんなさい** 용서하세요, 미안해요 | **出す** (편지 등을)부치다, 내다, 꺼내다 | **切手** 우표 | **売る** 팔다 | **郵便局** 우체국 | **戻る** (제자리도)되돌아오다, 되돌아가다

Point

문법 표현

01 動 ~(ます)に 行く/来る

~に行く/来る는 '~하러 가다/오다'라는 뜻으로, 뒤에 오는 動詞의 목적을 나타낸다. に앞에는, 動詞의 경우 ます形이 오고, 名詞의 경우 동작성이 강한 말이 온다. 뒤에 오는 動詞로는 行く/来る(가다/오다), 帰る(돌아가다), 出掛ける(나가다) 등이 많이 사용된다.

- 勉強します。 → 勉強しに行きます。
- 食事 → 食事に来ました。

02 ~みたいだ

~みたいだ는 '(마치)~같다'라는 뜻으로, 불확실한 단정이나 추정을 나타낸다. ~みたいです는 ~みたいだ의 정중한 표현이다.

雨が降っているみたいです。

まるでうそみたいです。

そうみたいですね。

Drill

회화 연습

● 다음 질문에 ex와 같이 답하세요.

ex どこに行きますか。(洋服を買う・デパートに行く)

→ 洋服を買いにデパートに行きます。

1 日本へ何をしに行きますか。(日本語を勉強する・行く)

→

2 どこに行きますか。(上司に書類を届ける・行く)

→

3 昨日はどこへ行きましたか。(友だちに会う・喫茶店・行く)

→

낱말과 표현

洋服 양복 | デパート 백화점 ▶department store | 上司 상사 | 書類 서류 | 届ける 가지고 가다, 보내다 | 喫茶店 다방

Drill

회화 연습

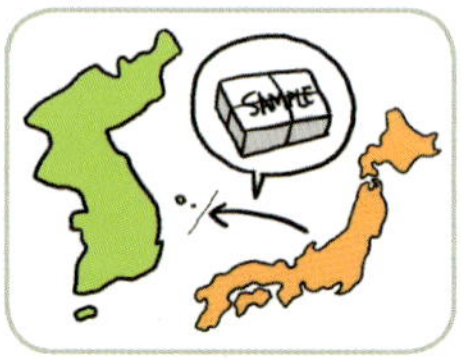

4 韓国へ何をしに来ましたか。(商品のサンプルを取る・来る)

→

5 家に帰るんですか。(忘れ物を取る・帰る)

→

6 昨日は何をしに空港へ行きましたか。(友だちを迎える・行く)

→

7 田中さんはどこへ行きましたか。(家へ車を置く・帰る)

→

낱말과 표현

商品 상품 | **サンプル** 샘플 ▶sample | **忘れ物** 분실물, 잊은 물건 | **迎える** 맞이하다, 마중하다 | **置く** 놓다, 두다

잠깐만요

下

訓 した・もと・くだる・くださる
音 カ・ゲ

- テーブルの下[テーブルのした] 테이블 밑
- 下[もと] 아래, 밑
- 下る[くだる] 내려가다
- ご覧下さい[ごらんください] 보십시오
- 部下[ぶか] 부하
- 下旬[げじゅん] 하순

紙

訓 かみ
音 シ

- 手紙[てがみ] 편지
- 紙面[しめん] 지면
- 用紙[ようし] 용지

하나 더!

それじゃ

それではの 회화체 표현으로 '그러면'이라는 뜻이다.
それじゃ、これでいいですね。(그러면 이것으로 됐지요)와 같이, 하던 이야기를 정리하는 뜻으로 또는 それじゃ、これで失礼します。(그럼, 이만 실례하겠습니다)와 같이 헤어질 때 끝을 맺는 말로 많이 쓰인다.

Unit 27 わたしたちが乗るバスはどれですか。

① 動詞＋名詞

회화 표현

混んでいますね 붐비는군요

混んでいる는 '붐비다, 혼잡하다'의 뜻이고, 반대 표현은 すいている(비어 있다)라고 한다.

急ぎましょう 서두릅시다

바쁜 일이나, 급한 일이 있을 때 쓰는 표현이다.

もうすぐ出ますよ 금방 나갑니다

여기서 出る는 '출발하다'라는 뜻으로, バス・車・電車・船・飛行機등에 쓸 수 있다.

早く早く 빨리 빨리 !

바쁜 일이나 급한 일이 있을 때 상대방을 재촉하는 표현이다.

Conversation

회화

高橋　わたしたちが乗(の)るバスはどれですか。

木村　あれです。あのドアが開(あ)いているバスですよ。

高橋　混(こ)んでいますね。次(つぎ)のバスにしませんか。

木村　でも、ここから新村(シンチョン)へ行くバスは本数(ほんすう)が少(すく)ないんですよ。

高橋　そうですか。分かりました。あれ。

木村　どうしたんですか。急(いそ)ぎましょう。もうすぐ出(で)ますよ。

高橋　バスカードがないんです。どうしよう。

木村　現金(げんきん)でもいいですから。早(はや)く早く。

高橋　すみません。

낱말과 표현

ドア 도어, 문 ▶door｜開く 열리다｜混む 붐비다, 혼잡하다｜次の 다음(의)｜本数 배차 수(차가 오는 숫자)｜少ない 적다｜急ぐ 서두르다｜バスカード 버스 카드｜現金 현금｜早く 빨리 → 早い (빠르다, 이르다)

Point

문법 표현

01 動～(る) 名(連体形)

체언에 접속되는 형태를 連体形이라고 하는데, 動詞와 形容詞는 기본형과 같고, ナ形容詞는 ～な형태로 접속한다. '～하는/할 名', '～인 名'로 해석할 수 있다.

乗(の)るバス　　白(しろ)い服(ふく)　　元気(げんき)な方(かた)

02 動～た形

① ～た는 過去를 나타내는 助動詞로서 '～했다'라는 뜻이다. 動～て形과 같은 형에 접속한다.

	基本形	ます形	て形	た形
一 Group 動詞	買う	かいます	かって	かった
	書く	かきます	かいて	かいた
	話す	はなします	はなして	はなした
	立つ	たちます	たって	たった
	死ぬ	しにます	しんで	しんだ
	飛ぶ	とびます	とんで	とんだ
	読む	よみます	よんで	よんだ
	帰る	かえります	かえって	かえった
二 Group 動詞	見る	みます	みて	みた
	起きる	おきます	おきて	おきた
	食べる	たべます	たべて	たべた
	考える	かんがえます	かんがえて	かんがえた
三 Group 動詞	来る	きます	きて	きた
	する	します	して	した
	勉強する	勉強します	勉強して	勉強した

② 形容詞는 어미 い를 かっ으로 바꾼 다음 た를 접속한다.

暑(あつ)い → 暑かった

忙(いそが)しい → 忙しかった

③ ナ形容詞와 名詞는 ~だ를 ~だった로 바꾼다.

元気(げんき)だ → 元気だった

静(しず)かだ → 静かだった

誕生日(たんじょうび) → 誕生日だ → 誕生日だった

休(やす)む → 休みだ → 休みだった

④ 한편 た形은 뒤에 오는 名詞를 수식할 때는 '~했던, ~한'의 뜻으로 사용된다.

勉強する → 勉強した → 勉強した本

面白(おもしろ)い → 面白かった → 面白かった本

元気だ → 元気だった → 元気だったとき

先生だ → 先生だった → 先生だった田中(たなか)さん

03 ~の

여기서 ~の는 形式名詞로, '~것'이라는 뜻으로 動~た형에 접속한 예이다.

さっき買ったのがあります。

これは李さんが書いたのです。

Drill

회화 연습

다음 질문에 ex와 같이 답하세요.

ex この服はどこで買ったんですか。
(それは服です・わたしが作りました)

→ それはわたしが作った服です。

1 この部屋は何ですか。
(ここは部屋です・わたしが使っていました)

→

2 今、何がしたいですか。
(わたしは料理が食べたいです・母が作りました)

→

3 これは何ですか。(それは材料(ざいりょう)です・日本料理(にほんりょうり)に使います)

→

낱말과 표현

材料 재료 | 日本料理 일본요리

4 この本はどこで買ったんですか。

(それは本です・日本から取(と)り寄(よ)せました)

→

5 田中さんはどの方ですか。

(田中さんは男の人です・コーヒーを飲んでいます)

→

6 木村さんはどの方ですか。

(木村さんは女の方です・お酒を飲んでいません)

→

7 何が一番おいしかったですか。

(焼(や)き肉(にく)がおいしかったです・新村で食べました)

→

낱말과 표현

取り寄せる 주문하다, 가져오게 하다 | **焼き肉** 불고기

Unit 28

食べるのは好きです。

②動詞＋の

회화 표현

特にお菓子とか 특히 과자라든가

～とか는 '～라든가'의 뜻으로 여러 가지 중에서 예를 하나 들 때
쓰는 표현이다.

今度一緒にケーキでも作りましょうよ
다음에 같이 케이크라도 만듭시다

今度～(し)ましょう는 상대에게 권유하거나 초대하고 싶은 의향을 비칠때 쓰는 표현이다.

Conversation

회화

木村　高橋さんは料理が好きですか。

高橋　料理ですか。食べるのは好きですが…。

木村　作るのはあまり得意(とくい)じゃないようですね。

高橋　ええ、恥(は)ずかしい話ですが、実はそうなんです。

木村　わたしは大好きなんです。特にお菓子(かし)とか。

高橋　あら、お菓子を作るのはわたしも好きですよ。

木村　じゃ、今度(こんど)一緒にケーキでも作りましょうよ。

高橋　いいですね。でも、道具(どうぐ)を揃(そろ)えるのは大変(たいへん)ですよ。

木村　大丈夫ですよ。日本から持って来たのがありますから。

낱말과 표현

~の ~것 | 得意だ 잘하다 | 恥ずかしい 창피하다 | (お)菓子 과자 | ~とか ~라든가 | 今度 이번, 다음 | ケーキ 케이크▶cake | 道具 도구, 기구 | 揃える 갖추다

Point

문법 표현

01 動~(る)の

~の는 形式名詞로 '~것'이라는 뜻이다. 앞에서는 動 ~た형에 접속한 것을 배웠고, 여기서는 動 ~る형에 접속한 예이다.

わたしはパンを作るのが好きです。

友だちと日本語で話(はなし)をするのがおもしろいです。

02 ~ようだ

~ようだ는 불확실한 판단을 나타내는 助動詞로서, 連体形에 접속하여 판단의 근거가 남에게 들은 이야기이거나 좀 확실하지 않을 때, '~하는/인 것 같다'라는 뜻으로 쓰인다. ~ようです는 ようだ의 정중한 표현이다.

まだ、雨が降っているようです。

あの方は日本人のようです。

Drill

회화 연습

다음 질문에 ex 와 같이 답하세요.

ex 何が好きですか。(ご飯を食べます)

→ ご飯を食べるのが好きです。

1 何がおもしろいですか。(友だちと話をします)

→

2 何が大変ですか。(単語(たんご)を覚えます)

→

3 何がきらいですか。(一人でいます)

→

낱말과 표현

単語 단어 | きらいだ 싫다

Drill

회화 연습

4 何が上手ですか。(絵(え)をかきます)

→

5 何が下手ですか。(借金(しゃっきん)を断(ことわ)ります)

→

6 何が楽(たの)しみでしたか。(日曜日が来ます)

→

7 何が残念(ざんねん)でしたか。(日本語が使えません)

→

낱말과 표현

絵 그림 | 借金 빚 | 断る 거절하다 | 楽しみ 즐거움 | 残念だ 안 됐다, 유감이다

Omake

잠깐만요

作

訓 つくる
音 サク・サ

· 作り話[つくりばなし] 만들어낸 이야기
· 作文[さくぶん] 작문
· 作用[さよう] 작용

度

訓 たび
音 ド・ト・タク

· この度[たび] 이번
· 制度[せいど] 제도
· 法度[はっと] 법도
· 支度[したく] 채비, 준비

하나 더!

～とか

～とか는 여러 가지 중에서 한 가지 예를 들 때 쓰는 말인데, 최근에는 特にお菓子とか처럼 특별히 안 써도 좋은 경우에도 말을 부드럽게 하거나, 뜻을 흐리게 하기 위해서 붙이는 경우가 많다.

Unit 29 海と山とどちらが好きですか。

비교① ～より～のほうが～です

회화 표현

どちらも同じぐらい好きです
양쪽 다 같은 정도로 좋아합니다
同じぐらい는 '같은 정도(로)'라는 뜻이다.

どちらかというと 어느 쪽이냐 하면
どちらかというと는 '어느 쪽이냐 하면'의 뜻으로 どちらかといえば로 표현하기도 한다.

・わたしはどちらかというと海のほうが好きです。
나는 어느 쪽이냐 하면 바다 쪽을 좋아합니다.

プールは海ほど楽しくありませんよ
수영장은 바다만큼 재미있지 않습니다
여기서 '재미있다'는 おもしろい가 아니라 楽しい로 표현한다.

Conversation

회화

高橋　暑(あつ)くなりましたね。もうすぐ夏(なつ)ですね。

金　そうですね。高橋さんは海(うみ)と山(やま)とどちらが好きですか。

高橋　わたしはどちらも同(おな)じぐらい好きです。金さんは。

金　わたしはどちらかというと海のほうが好きです。
夏はやはり海ですよ。

高橋　でも、泳(およ)ぐのは海よりプールのほうがいいんじゃないですか。

金　どうしてプールのほうがいいんですか。

高橋　プールのほうがずっと便利で、清潔(せいけつ)ですから。
そう思(おも)いませんか。

金　そうですね。でも、プールは海ほど楽しくありませんよ。
狭(せま)いですから。

高橋　そうですか。でも、プールは海ほど
危(あぶ)なくありませんよ。

낱말과 표현

暑い 덥다 | **海** 바다 | **やはり** 역시(회화에서는 やっぱり로 많이 쓴다) | **ずっと** 훨씬 | **清潔** 청결 | **思う** 생각하다 | **〜ほど** ~만큼 | **危ない** 위험하다

Point

문법 표현

01 名1と 名2と どちら(のほう)が ～ですか

'名1と 名2(와는) 어느 쪽이 ～합니까?'라는 뜻으로, 비교할 때 쓰는 문형이다.

뒤에 오는 と는 해석하지 않거나, '～중에서'로 옮기는 것이 자연스럽다.

地下鉄(ちかてつ)とタクシーとどちら(のほう)が速(はや)いですか。

地下鉄とバスとどちら(のほう)が便利(べんり)ですか。

02 名1より 名2(のほう)が ～です

～より는 '～보다'라는 뜻의 비교를 나타내는 助詞로서 '名1보다 名2(쪽)이 ～합니다'라는 문형이다. ～のほう(～쪽)는 01번 문형과 같은 질문에 답할 때 흔히 쓰는 표현이다.

東京よりソウル(のほう)が寒(さむ)いです。

りんごよりいちご(のほう)が好(す)きです。

03 名の ほうが (ずっと) ～です

01번에 대한 응답 표현의 하나로, '名(쪽)이 (훨씬) ~합니다'의 뜻이다.

地下鉄のほうが(ずっと)速(はや)いです。

リンゴのほうが(ずっと)おいしいです。

질문		대답
名1と 名2と どちらが ～ですか 名1と 名2と どっちが ～ですか 名1と 名2と どちらのほうが ～ですか	긍정 = 부정	名1のほうが 名2より ～です どちらも(同じぐらい)～です 名1は 名2ほど ～ではありません

Drill

회화 연습

다음 질문에 ex 와 같이 답하세요.

ex いちごとりんごとどちらのほうがおいしいですか。
(いちご>りんご) 肯定

→ いちごのほうが(りんごより)おいしいです。

1 東京とソウルとどちらのほうが広いですか。
(東京>ソウル) 否定

→

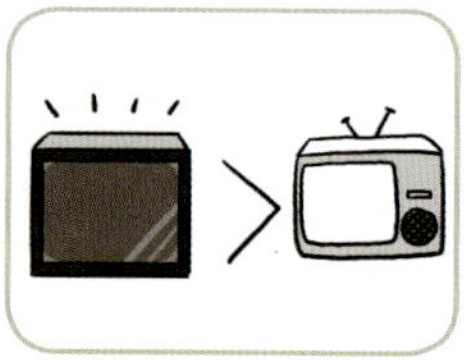

2 この商品(しょうひん)とその商品とどちらのほうが品質(ひんしつ)がいいですか。(この商品>その商品) 肯定

→

3 部長(ぶちょう)の給料(きゅうりょう)と課長(かちょう)の給料とどちらのほうが多いですか。
(部長>課長) 否定

→

낱말과 표현

いちご 딸기 | りんご 사과 | 商品 상품 | 品質 품질 | 部長 부장 | 給料 급료, 월급 | 課長 과장

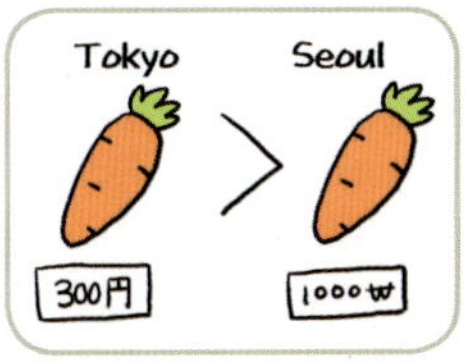

4 ソウルの物価(ぶっか)と東京の物価とどちらのほうが高いですか。
(東京>ソウル) 肯定

→

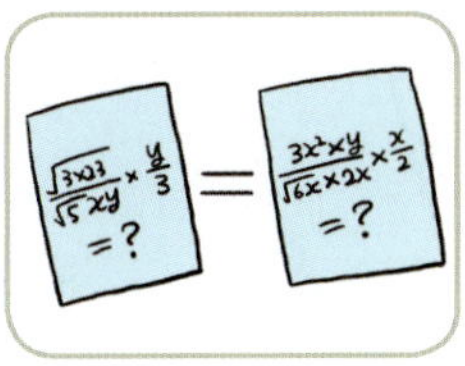

5 この問題(もんだい)とあの問題とどちらのほうが難しいですか。(=)

→

6 李さんと朴さんとどちらのほうが日本語が上手ですか。(=)

→

7 奥(おく)さんとお母さんとどちらのほうが怖(こわ)いですか。(=)

→

낱말과 표현

物価 물가 | **問題** 문제 | **奥さん** 부인. 남의 아내를 높여 부르는 말 | **怖い** 무섭다

Unit 30

かき氷が一番好きです。

비교 ② ～の中で～が一番～です

회화 표현

ええ、どうぞ 자, 부디

남에게 권유하거나, 부탁할 때 이외에도 상대방의 동작을 촉구하거나 허락할 때도 쓰인다.

・すみません、ここに座ってもいいですか。
　미안합니다, 여기 앉아도 될까요?

・ええ、どうぞ。 예, 좋습니다(앉으세요)

初耳です 처음 듣는데요, 처음 들었습니다

생소한 이야기를 들었을 때 쓰는 표현이다.

初めて聞きました와 같은 의미이다.

Conversation

회화

高橋　金さん、ちょっと質問(しつもん)があるんですが。

金　ええ、どうぞ。

高橋　韓国では夏に食べる特別(とくべつ)な食(た)べ物(もの)はありませんか。

金　そうですね。冷麺(ネンミョン)とかかき氷(ごおり)とかいろいろありますよ。

高橋　韓国にもかき氷があるんですか。初耳(はつみみ)です。

金　知らなかったんですか。

高橋　ええ、知りませんでした。韓国のかき氷もおいしいですか。

金　おいしいですよ。わたしは夏の食べ物の中で、かき氷が一番好きです。

高橋　そうですね。暑いときに食べるかき氷は最高(さいこう)ですよね。

낱말과 표현

質問 질문 | **特別だ** 특별하다 | **冷麺** 냉면(일본에서는 히라가나로 **れいめん**이라고 쓴다) | **食べ物** 음식 | **かき氷** 빙수 | **最高** 최고

Point

문법 표현

01 名1と 名2と 名3の 中で、名が 一番 ~です

'여러 가지 중에서 名이/가 제일 ~합니다'라는 문형이다. 名1, 名2, 名3…로 나열하는 대신에 スポーツ(스포츠), 食べ物(たべもの) (음식) 등의 단어가 쓰이기도 한다.

リンゴといちごとバナナの中で、いちごが一番好きです。

果物(くだもの)の中で、いちごが一番好きです。

02 名1と 名2と 名3の 中で、どれが 一番 ~ですか

01의 의문문으로 '여러 가지 중에서 무엇을 제일 ~합니까?'라는 뜻이다. どれ대신에 どこ(어디), だれ(누구), 何(무엇)등 疑問詞가 올 수 있고, ~の中で 대신 ~とでは로 바꿔 쓸 수 있다.

サッカーと野球(やきゅう)とバスケットボールの中で、何(なに)が一番上手ですか。

スポーツの中で、何が一番上手ですか。

> Q：名1と 名2と 名3の 中で(~とでは)、
> どれ(どこ・だれ・どの+名)が 一番 ~ですか。
>
> A1：(名1, 名2, 名3)が一番~です。
>
> A2：どれも(どこも・だれも・どの+名も)同じぐらい~です。

Drill

회화 연습

다음 질문에 ex 와 같이 답하세요.

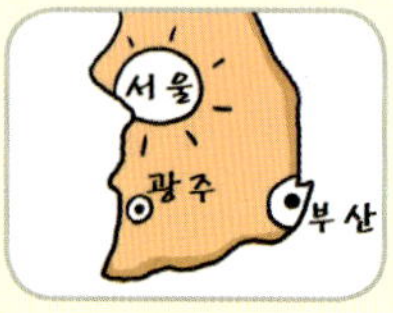

ex ソウル · 釜山 · 光州 · 大きい (ソウル)

→ A : ソウルと釜山と光州の中で、どこが一番大きいですか。

B : ソウルが一番大きいです。

1 釜山・ソウル・飛行機・バス・自動車(じどうしゃ)・安い (バス)

→ A :

B :

2 京都(きょうと)・大阪(おおさか)・横浜(よこはま)・有名(ゆうめい)だ (京都)

→ A :

B :

3 特急(とっきゅう)・急行(きゅうこう)・快速(かいそく)・速(はや)い (特急)

→ A :

B :

낱말과 표현

自動車 자동차 | **横浜** 요코하마(지명) | **有名だ** 유명하다 | **特急** 특급 | **急行** 급행 | **快速** 쾌속

4 韓国・シンガポール・台湾(たいわん)・人口(じんこう)が多い (韓国)

→ A :

B :

5 このクラス・日本語・上手だ (李さん)

→ A :

B :

6 一年・忙しい (同じぐらい)

→ A :

B :

7 日本語・難しい (敬語(けいご))

→ A :

B :

낱말과 표현

シンガポール 싱가포르 ▶Singapore | 台湾 대만 ▶Taiwan | 人口 인구 | 忙しい 바쁘다 | 敬語 경어

Unit 31

テストは簡単だと思います。

의견・인용 ～と思います

회화 표현

よく分かりませんが、 잘 모릅니다만~, 잘 모르겠지만~
자신의 의견을 자신 없게 말할 때 전제로 쓰는 표현이다.

えっ、本当ですか 네, 그래요! 정말입니까?
상대방의 말을 확인할 때 쓰는 표현이다.

Conversation

회화

高橋　木村さん、今度のテストは何が出(で)ると思(おも)いますか。

木村　そうですね。よく分かりませんが、辛(シン)先生のテストですから簡単だと思います。

高橋　そうですか。わたしは難しいと思いますけど。

木村　でも、前のテストは簡単だったと思いませんか。

高橋　前のテストですか。難しかったと思いますけど。

木村　辛先生のテストは授業中(じゅぎょうちゅう)に勉強したことしか出ませんでしたよ。

高橋　そうでしたか。でも、60頁(ページ)からは勉強しなかったと思いますけど。

木村　テスト範囲(はんい)は70頁まででしたよ。

高橋　えっ、本当(ほんとう)ですか。わたしは60頁までだと思っていました。

낱말과 표현

テスト 시험 ▶test ｜ ～中に ~중에 ｜ ～しか ~밖에 ｜ 頁 페이지(취음) ▶page ｜ 範囲 범위 ｜ 本当だ 정말이다

Point

문법 표현

01 ~と 思います

'~라고 생각합니다'라는 문형이다. 일본어 표현의 특징이라고 할 수 있는 자기의 생각을 확실히 주장하지 않는 애매한 표현의 하나이다. 基本形에 접속한다.

彼は明日また来ると思います。

[참고] **~と言う** (~라고 한다), **~と聞く** (~라고 듣다)

02 ~しか ~ません(否定)

'~밖에~하지 않습니다'라는 문형이다. ~しかは '~밖에'라는 뜻의 助詞.

わたしは牛乳(ぎゅうにゅう)しか飲(の)みません。

今、千(せん)ウォンしか持っていません。

03 ~と思っていました

잘못 생각했거나 오해했을 때 쓰는 표현으로 '~라고 생각했습니다, ~인 줄 알았습니다'라는 뜻이다.

テストは3時からだと思っていました。

Drill

회화 연습

다음 질문에 ex 와 같이 답하세요.

ex 明日は雨が降りますか。(はい)

→ はい、降ると思います。

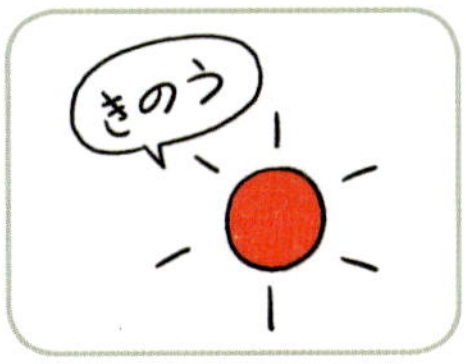

1 昨日は雨が降りましたか。(いいえ)

→

2 山田さんは勉強していますか。(はい)

→

3 山田さんは会社員ですか。(はい)

→

Drill

회화 연습

4 昨日、デパートは休みでしたか。(いいえ)

→

5 彼女は歌が上手ですか。(はい)

→

6 この店のケーキはおいしいですか。(いいえ)

→

7 先週は寒かったですか。(はい)

→

잠깐만요

今

訓 いま
音 コン

- 今[いま] 지금
- 今頃[いまごろ] 지금쯤
- 今世紀[こんせいき] 금세기
- 今日[こんにち] 오늘, 금일
- 今度[こんど] 이번

前

訓 まえ
音 ゼン

- 前[まえ]と後ろ 앞과 뒤
- 前借[まえが]り 가불
- 前後[ぜんご] 앞뒤, 전후
- 前者[ぜんしゃ] 전자

하나 더!

ちゅう와 じゅう

中은 訓이 なか이고, 音이 チュウ, ジュウ 두 가지이다.

· 旅行中りょこうちゅう 여행중　· 勉強中べんきょうちゅう 공부중　· 休やすみ中ちゅう 휴가중

와 같이 ~チュウ인 경우에는, '~하는 중'이란 뜻으로 쓰이고, 世界中(せかいじゅう) (온 세계), 国中(くにじゅう) (온 나라), 休み中(やすみじゅう) (쉬는 동안), 一日中(いちにちじゅう) (하루 종일)와 같이, ~ジュウ로 쓰일 경우에는 '온~, ~동안'이란 뜻으로 쓰인다.
그러나 今週中(こんしゅうちゅう), 今月中(こんげつちゅう)는 '이번 주 중에, 이달 중에'와 같이 '~중에'의 뜻으로 쓰일 때는 チュウ로 읽는다.
또한 今(いま)のうち, 今日(きょう)のうち라는 표현이 있는데, 이것은 '너무 늦기 전에(지금), 오늘 안으로'라는 뜻으로 쓰인다.

Unit 32 ノレバンに行ったことがあります。

～たことがあります

회화 표현

～というのは、～のことです
～라는 것은, ～을 말합니다
～というのは、～のことです는 ～というのは何ですか(～라고 하는 것은 무엇입니까?)에 대한 응답 표현으로 어떤 것에 대하여 구체적으로 설명할 때 쓰는 표현이다.

まだ一度も～たことがありません
아직 한 번도 ～한 적이 없습니다
과거의 경험이 없다는 것을 강조하는 표현이다.

・ まだ一度も行ったことがありません。
  아직 한 번도 간 적이 없습니다.

いいですね 좋지요
상대방의 제의에 대해 찬성한다는 뜻이다.

Conversation

회화

金　高橋さんはノレバンに行ったことがありますか。

高橋　ノレバン。ノレバンというのは何ですか。

金　ノレバンというのは、日本語でカラオケボックスのことです。

高橋　ああ、カラオケですか。日本ではよく行きましたが…。

金　韓国では行ったことがないんですか。

高橋　ええ、まだ一度(いちど)も行ったことがありません。

金　じゃ、今度の休みに一緒に歌(うた)を歌いに行きませんか。

高橋　いいですね。でも、わたしは韓国の歌を歌ったことがないんですが…。

金　大丈夫ですよ。日本の歌があるところもあるそうですから。

낱말과 표현

ノレバン 노래방의 일본어 표기 | **カラオケボックス** 가라오케박스(우리나라의 노래방과 비슷한 구조로 술도 판다) | **～という** ~라고 하는 | **一度も** 한 번도 | **歌** 노래 **歌を歌う** (노래를 부르다) **踊おどりを踊おどる** (춤을 추다)

Point

문법 표현

01 動~た ことが あります

~たことがあります는 '~한 적이 있습니다'라는 뜻으로 과거의 경험을 표현하는 문형이다. 부정형은 ~たことがありません

日本に行ったことがあります。

日本の新聞を読んだことがあります。

歯(は)が痛(いた)かったことがあります。

02 名という名

名이라고 하는 名라는 뜻으로 예를 들 때 쓰인다.

桜(さくら)という花(はな)

Aという会社(かいしゃ)

03 ~そうです(伝聞)

~そうです는 남에게 들은 이야기를 다른 사람에게 전할 때 쓰는 そうだ의 정중한 표현으로 '~라고 합니다'라는 뜻이다.

明日は雨が降るそうです。

ソウルの冬は大変寒いそうです。

太郎さんは野球が好きだそうです。

彼の職業は高校の先生だそうです。

Drill

회화 연습

다음 질문에 ex 와 같이 답하세요.

ex 日本へ行ったことがありますか。(中国)

→ 日本へ行ったことはありませんが、
中国へ行ったことがあります。

1 日本で仕事をしたことがありますか。(大学に通(かよ)う)

→

2 日本語を勉強したことがありますか。(英語(えいご))

→

3 この本を読んだことがありますか。(名前を聞く)

→

낱말과 표현

通う 다니다 | 聞く 듣다, 묻다

4 田中さんに会ったことがありますか。(電話で話す)

→

5 パソコンを使ったことがありますか。(ファックス)

→

6 海外出張(かいがいしゅっちょう)をしたことがありますか。(海外旅行)

→

7 鈴木部長とお酒を飲んだことがありますか。(食事をする)

→

낱말과 표현

海外出張 해외출장

Unit 33

たまにはスーツを着ることがあります。

～ることがあります

회화 표현

スーツなんか着て 양복(같은 것)을 다 입고
～なんか는 '～같은 것, ～따위'라는 뜻이다.

わたしがスーツを着てはおかしいですか
내가 양복을 입으면 이상합니까?
～ては는 바람직하지 않은 일을 가정하는 **接続助詞**로 '～하면, ～해서는'이라는 뜻이다.

今日はまとまっていますね 오늘은 잘 차려입었군요
まとまる는 '잘 정돈되다, 잘 갖추다'라는 뜻으로, 의복을 센스 있게 잘 맞춰 입었거나, 일 같은 것을 빠짐없이 잘 했을 때 쓰는 표현이다.

いったい、どうしたんですか 도대체 어떻게 된 겁니까?
놀라거나 강한 불만, 의심을 나타낼 때 쓰는 표현이다.

Conversation

회화

高橋　金さん、どうしたんですか。スーツなんか着(き)て。

金　わたしがスーツを着てはおかしいですか。

高橋　そうじゃありませんけど。いつもジーパンじゃないですか。

金　わたしもたまにはスーツを着ることがありますよ。

高橋　髪(かみ)の毛(け)もいつもボサボサなのに、今日はまとまっていますね。

金　ちょっと、ムースをつけたんです。

高橋　え、ムースですか。いったい、どうしたんですか。

金　わたしだってたまにはムースぐらいつけることがありますよ。

高橋　金さん。デートですか、それとも合(ごう)コンですか。

낱말과 표현

스ーツ 양복 ▶suit(원래 조끼까지 있는 것을 가리켰지만, 최근에는 일반 양복도 이렇게 말함) | ～なんか ~따위, ~같은 것 | ジーパン 청바지 ▶jeans pants | 毛 털 | ボサボサ 머리 등을 빗질하지 않아 부스스한 모양 | まとまる 정돈되다 | ムース 무스 ▶mousse | つける 바르다 | いったい 도대체 | ～だって ~라 할지라도 | たまに 가끔 | デート 데이트 ▶date | それとも 그렇지 않으면 | 合コン 合同ごうどうコンパ의 약어(우리나라의 미팅에 해당)

Point

문법 표현

01 動~(る)ことが あります

'~하는 일/때가 있습니다'라는 문형으로, 빈도가 높지 않은 경우를 나타낸다.

時(とき)どき自分(じぶん)がいやになることがあります。

会社に行くとき、たまにタクシーに乗ることがあります。

02 ~のに

~のに는 얘기하는 것과 반대되는 일을 나타내는 接続助詞로 '~하는데, ~인데'라는 의미로 連体形에 접속한다.

木村さんも来るのに、田中さんは来ないんですか。

ここは便利なのに、どうして引(ひ)っ越(こ)すんですか。

Drill

회화 연습

● 다음 질문에 ex 와 같이 답하세요.

ex いつも何に乗って会社に行きますか。
(地下鉄・タクシー)

→ いつも地下鉄に乗って会社に行きますが、
たまにタクシーに乗ることもあります。

1 お酒はいつも何を飲みますか。(ビール・焼酎(しょうちゅう))

→

2 朝ご飯はいつも何を食べますか。(ご飯(はん)・パン)

→

3 いつも何時頃に家に帰りますか。(10時・7時)

→

낱말과 표현

ビール 맥주 ▶bee | 焼酎 소주

Drill

회화 연습

4 新聞はいつも何を読みますか。(朝日(あさひ)新聞・読売(よみうり)新聞)

→

5 夕(ゆう)ご飯(はん)いつも誰と食べますか。(家族と一緒に・会社の同僚(どうりょう))

→

6 いつもどこでお酒を飲みますか。(居酒屋(いざかや)・パブ)

→

7 いつもどこで勉強しますか。(自分の部屋・図書館)

→

낱말과 표현

朝日新聞 아사히신문 | **読売新聞** 요미우리신문 | **夕ご飯** 저녁(밥) | **同僚** 동료 | **居酒屋** 선술집 | **パブ** 퍼브 ▶pub(바와 경양식점을 겸한 서양식 대중 술집)

잠깐만요

着

訓 きる・つく
音 チャク・ジャク

- 着物[きもの] 옷, 일본 옷
- 席に着く[せきにつく] 자리에 앉다
- 着用[ちゃくよう] 착용
- 頓着[とんじゃく] 개의함, 구애됨

毛

訓 け
音 モウ

- 毛虫[けむし] 모충, 털벌레, 쐐기 등
- 髪の毛[かみのけ] 머리털, 머리카락
- 毛髪[もうはつ] 모발
- 毛布[もうふ] 담요

하나 더!

髪に関することば 머리에 관한 말

- 髪を伸のばす 머리를 기르다
- 髪を洗あらう 머리를 감다, シャンプする 샴푸하다, リンスする 린스하다
- パーマをする/パーマをかける 파마를 하다
- ムースをつける 무스를 바르다
- ヘアスプレーをかける 헤어스프레이를 뿌리다
- ドライやをかける 드라이를 하다

Unit 34

明るいネクタイをしたほうがいいです。

충고・조언 ~たほうがいいです

회화 표현

ええ、まあ、そうですけど 네, 뭐. 그런데요

상대방의 의견에 가볍게 동의하는 표현이다.

まあ는 놀라거나 뜻밖의 일을 당했을 때는 '어머나, 어머'의 뜻이고, 어떤 일에 만족스럽지 못할 때는 '그런 대로, 아쉬운 대로', 그리고 자기 또는 상대의 말을 가볍게 제지하거나 어떤 일을 권할 때는 '자, 아니, 우선, 하여튼' 등 여러 가지 뜻이 있기 때문에, 앞뒤 문장에 따라 달리 해석할 수 있다.

カジュアルなスーツですか 캐주얼한 양복 말입니까?

상대방의 제의를 반복하면서 확인하는 표현이다.

Conversation

회화

高橋　金さん、デートに行くんですか。

金　ええ、まあ、そうですけど。

高橋　じゃあ、もっとカジュアルなスーツを着たほうがいいですよ。

金　カジュアルなスーツですか…。

高橋　ええ、それからネクタイも、もっと明(あか)るいのをしたほうがいいですよ。

金　明るい色ですか…。

高橋　それから今日はどこへ行くんですか。

金　鐘路(チョンノ)に行く約束(やくそく)をしたんですが…。

高橋　鐘路ですか…。鐘路は混(こ)むから行かないほうがいいと思いますけど。

낱말과 표현

まあ 뭐, 하여튼, 자 | もっと 더욱 | カジュアルな 캐주얼한 ▶casual | 明るい 밝다 | 約束 약속 約束をする (약속을 하다) | 混む 붐비다, 복잡하다

Point

문법 표현

01 動~た ほうが いいです

'~(하는) 쪽/편이 좋습니다'라는 뜻으로, 상대방의 의견이나 생각보다는 자기의 의견이 좋다고 제시하는 문형이다.

道(みち)が混(こ)むから、地下鉄で行ったほうがいいです。 <動~た>

ネクタイは明るいほうがいいです。 <形~い>

事務室(じむしつ)は静かなほうがいいです。 <ナ形~な>

細(こま)かい仕事だから、女性(じょせい)のほうがいいです。 <名~の>

動~た	行った	ほうがいいです	→ 의견 · 제안을 적극적으로 표명한 것
動~(る)	行く		→ 선택(어느 쪽이냐 하면)

02 ～ない ほうが いいです

'~하지 않는 편이 좋습니다'라는 뜻으로, 상대방의 의견이나 생각에 대하여 반대하거나 충고할 때 쓰는 문형이다.

土曜日(どようび)は車で行かないほうがいいです。

風邪(かぜ)を引(ひ)いたときは、お酒を飲まないほうがいいです。

ネクタイはあまり明るくないほうがいいです。

[주의] 行かないほうがいいです。(○)　　行かなかったほうがいいです。(×)

Drill

회화 연습

다음 질문에 ex 와 같이 답하세요.

ex 風邪(かぜ)を引(ひ)きました。(薬(くすり)を飲む)

→ 薬を飲んだほうがいいですよ。

1 明日はテストがあります。(早く家に帰って勉強する)

→

2 明日は登山(とざん)をします。(今日はゆっくり家で休む)

→

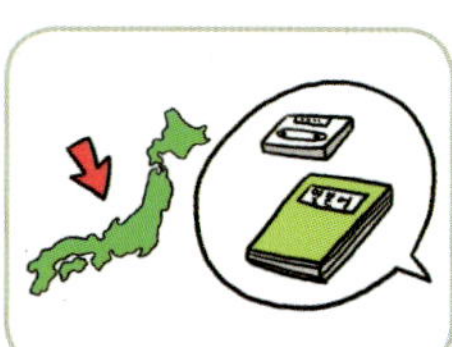

3 わたしは来年日本に留学(りゅうがく)します。

(できるだけ日本語の勉強をして行く)

→

낱말과 표현

風邪 감기 風邪を引く (감기에 걸리다) | 引く 끌다, (감기에)걸리다 | 薬 약 | 登山 등산 | 留学する 유학하다, 유학가다 | できるだけ 될 수 있는 한

4 最近、体の調子が悪いです。(一度病院に行く)

→

5 明日、ドライブをします。(混みます・市内へ行きません)

→

6 喉が少し痛いんです。(無理に仕事をしません)

→

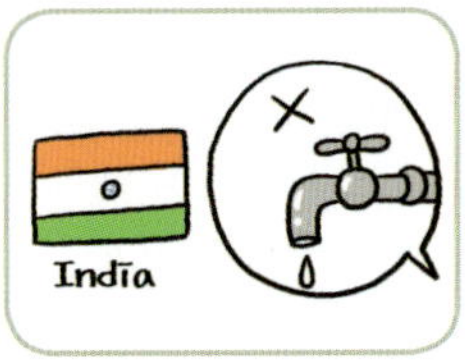

7 インドへ旅行します。(生水を飲みません)

→

낱말과 표현

体 몸, 신체 | ドライブ 드라이브 ▶drive | 市内 시내 | インド 인도 ▶India

Unit 35

明日は多分、晴れるでしょう。

～でしょう

회화 표현

何も言っていませんでしたから
아무 말도 하지 않았으니까

～と言っていました '～라고 했습니다'라는 표현이다.

・ 明日は雨だろうと言っていました。
  내일은 비가 올 거라고 했습니다.

多分、～でしょう 아마 ～겠지요
어느 정도 확신을 갖는 추측의 표현이다.

・ 多分、晴れるでしょう。 아마도 맑겠지요.

Conversation

회화

高橋　金さん、明日は晴れるでしょうか。

金　どこかへ行くんですか。

高橋　ええ、ちょっと仁川へお刺し身を食べに行くんです。

金　天気予報では何も言っていませんでしたから、多分、晴れるでしょう。

高橋　それから、仁川のお刺し身はおいしいでしょうか。

金　仁川の刺し身は新鮮ですから、おいしいでしょう。

高橋　わたしはあまりお金がないんですが、安いでしょうか。

金　そうですね、観光地ですから、多分、あまり安くないだろうと思いますよ。

高橋　高いんですか…。2万ウォンで足りるでしょうか。

낱말과 표현

晴れる 맑다, 개다 | **お刺し身** 생선회 | **天気予報** 일기예보 | **多分** 아마도 | **観光地** 관광지 | **~だろう** ~겠지(だ의 추측형) | **万** 만 | **ウォン** 원의 일본어 표기 | **足りる** 충분하다

Point

문법 표현

01 ~でしょう(か)

~でしょう는 말하는 사람의 추측을 나타내는 문형으로 '~하겠지요, ~할 것입니다'라는 뜻이다. 공적인 장소에서(일기예보 등) 추측 표현으로도 사용된다. ~でしょうか는 의문형으로 불확실한 사항을 질문할 때 사용한다.

明日も雨でしょうか。

明日までにできるでしょう。

北海道(ほっかいどう)はもう寒いでしょう。

日本人ですから、おそらく·多分·普通 일본이니까, 필시 · 아마 · 보통

魚が好きでしょう。

英語が下手でしょう。

韓国語ができないでしょう。

奥さんも日本人でしょう。

猫(ねこ)が好きでしょう。

辛(から)い料理がきらいでしょう。

02 ～だろうと思います

말하는 사람의 추측을 다른 사람에게 의견으로 제시할 때 쓰는 표현으로 '～하리라고(～할 것이라고) 생각합니다'라는 뜻이다.

6時までには帰るだろうと思います。

東京の物価はソウルより高いだろうと思います。

鈴木(すずき)さんの誕生日は、多分、七月だろうと思います。

Drill

회화 연습

다음 질문에 ex 와 같이 답하세요.

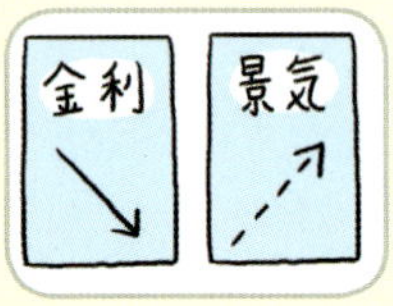

ex 景気はよくなりますか。(銀行の金利が下がった)

→ 銀行の金利が下がりましたから、
よくなるでしょう。

1 彼女は独身ですか。(指輪をしていない)

→

2 李さんは歌が上手ですか。(カラオケボックスによく行く)

→

3 この料理はおいしいですか。(高い材料を使っている)

→

낱말과 표현

景気 경기 | 金利 금리 | 下がる 떨어지다, 내려가다 | 独身 독신, 미혼자 | 指輪 반지

4 今日は道(みち)が空(す)いていますか。(今日は日曜日です)

→

5 日本でアルバイトがすぐ見つかるでしょうか。
(みんなアルバイトをしている)

→

6 この服はいいでしょうか。(有名(ゆうめい)なブランド)

→

7 あの人はいい人でしょうか。(みんないい人だと言っている)

→

낱말과 표현

道 길, 도로 | 空く 비다 | 有名な 유명한 | ブランド 브랜드, 상표 ▶brand

Unit 36 あちこち電話してみました。

～てみます

회화 표현

あ～あ

큰 소리로 끝을 올려 말하면 '하품할 때 내는 소리'이고, 작은 소리로 끝을 내려 말하면 '한숨 쉬는 소리'이다.

・ あ～あだめだ。 아- 안 된다.

違いますよ 틀립니다, 아닙니다

상대방의 의견에 대하여 부정하는 표현이다.

・ それは話が違いますよ。 그건 이야기가 틀립니다.

Conversation

회화

高橋　あ～あ。

金　どうしたんですか。また、体重(たいじゅう)が増(ふ)えたんですか。

高橋　違(ちが)いますよ。キムチの作(つく)り方(かた)です。
聞いてみたんですが、分からなかったんです。

金　どうしてですか。

高橋　下宿(げしゅく)のおばさんの韓国語は方言(ほうげん)がひどくて、ほとんど分からなかったんです。

金　ほかの人に聞いてみましたか。

高橋　ええ、あちこち電話してみたんですが、韓国語が難しくて…。

金　料理の本を買って来てみてはどうですか。

高橋　ええ、そうしてみます。

낱말과 표현

あ～あ 아~ | また 또 | 体重 체중 | 増える 늘다, 불다 | 体重が増える (체중이 늘다) → 太(ふと)る (살찌다) | 違う 틀리다, 다르다 | 方言 방언, 사투리 方言がひどい (방언이 심하다) | ほかの人 다른 사람 | あちこち 여기저기(우리말과 순서가 다르다.)

Point

문법 표현

01 動～てみます

～てみる는 補助動詞로서, 시험 삼아 '～해 보다'라는 뜻이다.

이 때 みる는 ひらがな로 표기한다.

食べてみます。

言ってみます。

調べてみます。

02 動～て来ます

～て来る도 ～てみる와 마찬가지로 補助動詞로서, '～해 오다'라는 뜻이다.

荷物(にもつ)を持って来ます。

駅前(えきまえ)でお弁当(べんとう)を買って来ます。

Drill

회화 연습

○ 다음 질문에 ex 와 같이 답하세요.

ex このケーキはおいしいでしょうか。(食べる)

→ 分かりませんから、食べてみましょう。

1 この服(ふく)は似合(にあ)うでしょうか。(着る)

→

2 明日は晴れるでしょうか。(天気予報を見る)

→

3 この靴は足(あし)に合(あ)うでしょうか。(履く)

→

낱말과 표현

似合う 어울리다 | 足 발 | 合う 맞다

Drill

회화 연습

4 この問題が分かりますか。(先生に質問する)

→

5 山本さんの電話番号(ばんごう)を知っていますか。(電話帳(でんわちょう)で調べる)

→

6 このDVDはおもしろいでしょうか。(見る)

→

7 このCDにはどんな曲(きょく)が入っていますか。(聞く)

→

낱말과 표현

番号 번호 | **電話帳** 전화번호부 | **曲** 곡

Omake

잠깐만요

体

訓 からだ
音 タイ

- 体つき[からだつき] 몸매
- 体をこわす[からだをこわす] 건강(몸)을 해치다
- 体力[たいりょく] 체력
- 実体[じったい] 실체

増

訓 ます・ふえる
音 ゾウ

- 速さを増す[はやさをます] 속력을 더하다
- 収入が増える[しゅうにゅうがふえる] 수입이 늘다
- 増加[ぞうか] 증가
- 増税[ぞうぜい] 증세

하나 더!

あちこち

あちこち는 우리말로 직역하면, '저쪽이쪽'이다. 그러나 우리말에서는 '이쪽저쪽'이 맞는 말이다. あれこれ도 마찬가지로 직역하면 '저것이것'이지만, '이것저것'이다. 이 외에도 行ったり来たり는 '왔다갔다', 泣(な)いたり笑(わら)ったり는 '웃다울다'이다. 일본어는 우리말과 어순이 같기 때문에, 이런 표현은 외워두지 않으면 자칫 실수하기 쉬운 말이다.

Unit 37

泳ぐことができます。

가능 ① ~ことができます

회화 표현

見かけによりませんね 보기와는 다르군요

상대방에 대한 자기의 생각이나 판단이 빗나갔을 때 쓰는 표현이다.

ちゃんと

ちゃんと는 '꼼꼼히, 어엿하게, 반듯하게, 분명히' 등 여러 가지 뜻이 있는데 여기서는 '분명히, 틀림없이'라는 뜻으로 쓰였다.

できることはできるでしょうが

~할 수는 있겠지만

~ことは~ですが는 '~것은 ~지만'의 뜻으로 뒤에 오는 사항이 기대가 되지 않거나 마음이 내키지 않을 때 쓰는 표현이다.

- 行くことは行くんですが、 ~가기는 하지만
- することはするんですが、 ~하기는 하지만

Conversation

회화

高橋　金さんは水泳(すいえい)ができますか。

金　ええ、できます。中学時代(ちゅうがくじだい)は水泳の選手(せんしゅ)でした。

高橋　へえ、見かけによりませんね。ところで漢江(ハンガン)では泳(およ)ぐことができますか。

金　あそこは遊泳禁止(ゆうえいきんし)ですよ。泳ぐことができません。

高橋　じゃ、釣(つ)りをすることはできますか。

金　できることはできるでしょうが、あまり釣れないと思いますよ。

高橋　じゃ、川岸(かわぎし)で食事をすることはできますか。

金　ええ、食事はできます。ちゃんとレストランもありますよ。

高橋　そうですか、一度行ってみたいですね。

낱말과 표현

水泳 수영 | 中学時代 중학교 시절, 高校時代 (고등학교 시절), 大学時代 (대학교 시절), 小学生のころ (초등학생 시절), 子供のころ (어린 시절) | 遊泳禁止 유영(수영)금지 | 釣り 낚시 釣りをする (낚시를 하다) | 川岸 강변, 강가 | ちゃんと 어김없이, 틀림없이, 꼼꼼히, 분명히

Point

문법 표현

01 [名]を [動]~(る)ことが できます

'~을/를 ~(할) 수 있습니다'라는 뜻으로, 상황으로 보아 어떤 일이 가능하거나, 어떤 일이 가능하다고 허가할 때 쓰는 문형이다.

この部屋は誰(だれ)でも使うことができます。

図書館では誰でも本を借(か)りることができます。

[참고] 見える· 聞こえる·分かる등과 같이 가능의 뜻이 있는 동사는 이런 형태를 쓸 수 없다.

02 [名]を [動]~(る)ことが できません

01의 부정으로 어떤 일이 불가능하거나, 금지를 나타낼 때 쓰는 문형으로 '~을/를 ~(할) 수 없습니다'라는 뜻이다.

ここでは野球をすることができません。

あの川では泳ぐことができません。

[비교] あの川では泳ぐことはできません。

Drill

회화 연습

○ 다음 질문에 ex 와 같이 답하세요.

ex これは何ですか。(洗車機·車一台分で5分で洗います)

→ 洗車機です。
車一台分を5分で洗うことができます。

1 これは何ですか。(リモコン・エアコンを操作します)

→

2 これは何ですか。
(高速ダビング機・一度に5本のテープをダビングします)

→

3 これは何ですか。
(ワープロ・韓国語と英語の文書を作ります)

→

낱말과 표현

洗車機 세차 기계 | ~台 ~대(차・기계 등을 세는 말) | リモコン 리모컨 ▶remote control | エアコン 에어컨 ▶air conditioner | 操作する 조작하다 | 高速ダビング機 고속 더빙기 | ダビング 더빙, 재녹음, 재녹화 ▶dubbing | 文書 문서

Drill

회화 연습

4 これは何の部屋ですか。

(プレゼンテーションルーム・視聴覚機器(しちょうかくきき)を使います)

→

5 これは何の部屋ですか。(大講堂(だいこうどう)・映画を上映(じょうえい)する)

→

6 ここでたばこを吸(す)ってもいいですか。(火器厳禁(かきげんきん)ですから)

→

7 ここで泳いでもいいですか。(遊泳禁止(ゆうえいきんし)ですから)

→

낱말과 표현

プレゼンテーションルーム 발표실, 시청각실, 세미나실 등 ▶presentation room | 視聴覚機器 시청각 기기 | 大講堂 대강당 | 上映する 상영하다 | 吸う 들이마시다, 빨다, (담배를)피우다 | 火器厳禁 화기엄금

잠깐만요

学

訓 まなぶ
音 ガク

- 学ぶ[まなぶ] 배우다
- 学びの道[まなびのみち] 배움의 길
- 学位[がくい] 학위
- 医学[いがく] 의학

川

訓 かわ
音 セン

- 川崎[かわさき] 가와사키(姓・지명)
- 小川[おがわ] 시냇물, 실개천
- 山川[さんせん] 산천
- 河川[かせん] 하천

하나 더!

学校に関することば 학교에 관한 말

- **保育園**ほいくえん 보육원, **幼稚園**ようちえん 유치원, **小学校**しょうがっこう 초등학교, **中学校**ちゅうがっこう 중학교, **高校**こうこう(**高等学校**こうとうがっこう) 고등학교, **短大**たんだい 단대(2년제 대학), **大学**だいがく 대학
- **私立**しりつ 사립, **公立**こうりつ 공립, **国立**こくりつ 국립, **県立**けんりつ 현립, **都立**とりつ 도쿄도립

Unit 38

何でも食べられる。

가능 ② ~られる

회화 표현

~てどのくらいになりますか
어떤 동작이 행해진 이후의 경과된 시간을 묻는 표현이다.

・ 韓国に来てどのくらいになりますか。
  한국에 온지 얼마나 됩니까?

~に慣れる ~에 익숙해지다

・ 韓国の生活にもだいぶ慣れたでしょう。
  한국 생활에도 꽤 익숙해졌지요?

仕方がないです 어쩔 도리가 없다
'어쩔 수(도리)가 없다'라는 표현으로 しようがない라고도 한다.

~のほうはどうですか ~쪽은 어떻습니까?
~のほうはどうですか/いかがですか는 앞뒤 내용에 따라 달리 해석할 수 있다. 본문의 お酒のほうはどうですか는 '술 (쪽)은 어떻습니까?' 즉, '익숙해졌습니까?'라는 뜻이다.

Conversation

회화

金　高橋さんは韓国に来てどのくらいになりますか。

高橋　そうですね。そろそろ６ヵ月(ろっかげつ)になります。

金　じゃ、もう韓国の生活(せいかつ)にもだいぶ慣(な)れたでしょう。

高橋　ええ、でも、まだあまり韓国語が上手に話せません。

金　仕方(しかた)がないですよ、まだ半年(はんとし)ですから。
食べ物のほうはいかがですか。

高橋　食べ物はもう慣れました。今は何でも食べられます。

金　お酒のほうはどうですか。ウイスキーは飲めますか。

高橋　ええ、１本(いっぽん)ぐらいは飲めます。

金　１本も飲めるんですか。

낱말과 표현

どのぐらい 어느 정도 | ～ヵ月 ~개월 | だいぶ 꽤 | 慣れる 익숙하다 | 仕し方 방법, 도리 | 半年 반년 | 食べられる 먹을 수 있다 | ウイスキー 위스키 ▶whisk(e)y(ウィスキー로도 표기함) | 飲める 마실 수 있다

Point

문법 표현

01 動詞의 可能形

	可能形으로 만드는 방법
一 Group 動詞	• 어미 ウ段음을 エ段음으로 바꾸고 る를 접속한다. 書く → かける → 書ける 話す → はなせる → 話せる 帰る → かえれる → 帰れる * ある의 可能形은 あれる가 아니고, あり得(う)る라는 말이 따로 있다.
二 Group 動詞	• 어미 る를 없애고 어간에 られる를 접속한다. 起きる → おきられる → 起きられる 食べる → たべられる → 食べられる
三 Group 動詞	来る → こられる → 来(こ)られる する → できる → できる

※ 見える · 聞こえる · 要(い)る · 分かる · 知る와 같은 動詞는 可能形을 만들 수 없다.

02 名1は 名2が 動~可能形

어떤 일이 가능하거나, 가능하다고 허가의 뜻을 나타내는 문형이다.

わたしは日本語が話せます。

子供は一人では服(ふく)が着(き)られません。

ここには駐車(ちゅうしゃ)ができません。

※ 可能의 표현인 動~可能形과 ~ことができる라는 표현은 거의 같은 뜻으로 사용되지만, ~ことができる쪽이 약간 딱딱한 표현이라고 할 수 있다.

Drill

회화 연습

다음 동사를 가능동사로 바꾸세요.

1 行く →	2 寝る →
3 読む →	4 開ける →
5 座る →	6 教える →
7 泳ぐ →	8 持って来る →
9 結婚する →	10 入(はい)る →
11 切る →	12 歩く →
13 着る →	14 出る →

ex 와 같이 바꿔 말하세요.

ex 日本語を話す

→ A : 日本語が話せますか。

B : いいえ、話せません。

1 ギターを弾(ひ)く。

→ A :

B :

2 上手に歌を歌う。

→ A :

B :

3 海で泳ぐ。

→ A :

B :

4 日本語で手紙を書く。

→ A :

B :

5 料理を作る。

→ A :

B :

낱말과 표현

入る 들어가다 | **切る** 자르다 | **ギター** 기타 ▶guitar | **弾く** 치다, (현악기를) 연주하다

Unit 39

安いし、おつまみもいろいろあります。

理由の列挙 ～し～です

회화 표현

やはり屋台です 역시 포장마차입니다

やはり～です는 여러 가지 있는 중에서 '역시 ~입니다'라는 표현이다.

独特の雰囲気がある 독특한 분위기가 있다

・ 雰囲気がいい。 분위기가 좋다.

・ 雰囲気が悪い。 분위기가 나쁘다.

居酒屋党です 이자카야 파입니다

居酒屋는 일본의 전통적인 술집으로 안주 종류가 많고, 가격도 저렴하여 항상 붐비는 곳이다.

・ 日本酒党 청주 파(청주를 즐겨 마시는 사람)

・ 辛党(からとう) 애주가　　・ 左党(さとう) 술꾼

Conversation

회화

高橋　金さんはいつもどこでお酒を飲みますか。

金　そうですね。やはり屋台(やたい)です。

高橋　そうですか。でも冬は寒いでしょう。

金　ええ、でも屋台は独特(どくとく)の雰囲気(ふんいき)があるし、気取(きど)らないで飲めますから。

高橋　そうですか。あと、どんなところで飲みますか。

金　最近は、ソジュバンという店でもよく飲みますよ。高橋さんは。

高橋　わたしは居酒屋党(いざかやとう)です。安いし、おつまみもいろいろあるし。

金　へえ、そうですか。どんなお酒があるんですか。

高橋　いろいろありますが。酎(ちゅう)ハイという焼酎のカクテルが人気がありますよ。

낱말과 표현

屋台 포장마차 | **独特** 독특 | **雰囲気** 분위기 | **～し** ~(이)기도 하고 | **気取る** 점잔빼다, 거드름 피우다 | **ソジュバン** 소주방의 일본어 표기 | **酎ハイ** 소주에 소다와 레몬을 탄 것 | **カクテル** 칵테일 ▶cocktail

Point

문법 표현

01 ～し ～し

～し는 동시에 있는 사항, 엇갈리는 사항 등을 나열할 때 쓰는 接続助詞이다.

① 이유의 열거

今日は仕事もあるし、友達も来るし、忙(いそが)しいです。

青山(あおやま)さんはきれいだし、やさしいし、みんなに人気もあります。

② 대답하는 사유의 열거

この社会にはお金持(かねも)ちもいるし、貧乏人(びんぼうにん)もいる。

テストにはやさしい問題も出たし、難しい問題も出た。

③ 대표적인 이유

今日は暑いし、外に出るのはやめませんか。

④ 게다가

あの店はおいしいし、安いです。

⑤ です·ます形과도 접속할 수 있다.

交通(こうつう)の便(べん)も悪いですし、行かないほうがいいと思います。

회화 연습

○ 다음 질문에 ex 와 같이 답하세요.

ex どうして一緒に行かないんですか。
(宿題がある・家に誰もいない)
→ 宿題があるし、家に誰もいないんです。

1 どうして食べないんですか。
(歯が痛い・おなかの調子も悪い)
→

2 どうして来ないんですか。(遠い・お金がない)
→

3 どうして見ないんですか。(忙しい一度見たことがある)
→

낱말과 표현

おなか 배, 위장 | 歯 이 | 調子 기계나 움직이는 사물, 사람 등의 상태

Drill

회화 연습

4 どうして飲まないんですか。

(好きじゃない・昨日もお酒を飲んだ)

→

5 どうして捨(す)てるんですか。(古(ふる)くなった・同じものを持っている)

→

6 どうして帰らないんですか。

(仕事が残っている・お客さんが来る)

→

7 どうして運転しないんですか。

(バスも地下鉄もある・免許(めんきょ)がない)

→

낱말과 표현

捨てる 버리다 | 古い 낡다, 오래되다 | 免許 면허

잠깐만요

強

訓 つよい・しいる
音 キョウ・ゴウ

- 体が強い[からだがつよい] 몸이 튼튼하다
- 強いて言えば[しいていえば] 굳이 말하자면
- 強力[きょうりょく] 강력
- 強盗[ごうとう] 강도

合

訓 あう
音 ゴウ・ガッ

- 意見が合う[いけんがあう] 의견이 맞다
- 試合[しあい] 시합
- 合同[ごうどう] 합동
- 合作[がっさく] 합작

하나 더!

酒(さけ)

酒라고 하는 것은 알코올의 총칭이기도 하지만, 흔히 '정종'을 가리킬 때가 많다. お酒飲めますか라고 하면, '술을 마십니까?, 마실 수 있습니까?'라는 뜻이고, 술집에서 お酒ください하면, '정종'을 가져오라는 뜻이다. 그리고 우리말의 '정종'은 正宗(まさむね) 라는 상표에서 유래된 말이다.

Unit 40 日本に帰るとき、電話します。

～るとき・～たとき

회화 표현

どうしたの 무슨일이야?

・ どうしたんですか 무슨일이세요? (정중한 표현)

元気にやっているかと思って

건강하게 잘 지내고 있는가 하고

やる는 '하다, 생활하다, 주다, 보내다' 등 여러 가지 뜻이 있는데, 여기서는 '생활하다, 지내다'의 뜻으로 쓰였다.

ないかい 없어?

～かい는 가벼운 질문을 나타내는 終助詞로 남성어이다.

・ ないですか? 없습니까? (정중한 표현)

そうするわ 그럴게요

わ는 주로 여성이 쓰는 終助詞로 가벼운 영탄이나, 감동, 주장을 나타낸다.

Conversation

회화

父 もしもし。

高橋 あっ、お父さん。どうしたの。

父 いや、元気にやっているかと思って。

高橋 元気よ。お父さんは。

父 こっちはみんな元気だよ。ところで何かほしいものはないかい。

高橋 そうね。今度日本に帰ったときに自分で買うから大丈夫よ。

父 そうか。じゃ、こっちに帰るときは、2、3日前に電話しろよ。

高橋 ええ。そうするわ。

父 じゃ、元気でな。体に気をつけて…。

낱말과 표현

～の 의문을 나타내는 終助詞 | やる 생활하다, 하다 | 自分 나, 저 | 気をつける 조심하다

Point

문법 표현

01 動~た とき

동작이 과거에 행해졌거나, 과거의 일이 아니더라도 어떤 동작이 완료된 후에, 다음 동작이 이루어질 때 쓰는 표현으로 '~한/했을 때'의 뜻이다.

日本に行ったとき、山田さんに会いました。

来年(らいねん)、日本へ行ったとき、パソコンを買います。

02 動~(る) とき

動作이 앞으로 이루어질 때 쓰는 표현으로 '~할 때'의 뜻이다.

家へ帰るときは電気(でんき)を消(け)してください。

よく分からないときは質問してください。

[참고] 名詞(명사)와는 の로 연결된다.

· 病気(びょうき)のとき 아플 때　　· 引(ひ)っ越(こ)しのとき 이사할 때

03 命令形(명령형)

	命令形으로 만드는 방법
一 Group 動詞	• 어미 ウ段음을 エ段음으로 바꾼다. 買う → かえ → 書え 書く → かけ → 書け 話す → はなせ → 話せ 飲む → のめ → 飲め
二 Group 動詞	• 어미 る를 없애고 어간에 ろ를 접속한다. 見る → みろ → 見ろ 食べ → たべろ → 食べろ
三 Group 動詞	来る → こい → 来(こ)い する → しろ → しろ 勉強する → べんきょうしろ → 勉強しろ

Drill

회화 연습

다음 질문에 ex와 같이 답하세요.

ex 保証人(ほしょうにん)へのお土産(みやげ)はいつ買いますか。(日本・行く)

→ お土産は日本に行くとき買います。

1 お金はいつ両替(りょうがえ)しますか。(日本・行く)

→

2 免税品(めんぜいひん)はいつ買いますか。(韓国・帰る)

→

3 夕食(ゆうしょく)はいつしますか。(友達・会う)

→

낱말과 표현

保証人 보증인 | お土産 간단한 선물 | 両替 환전 | 免税品 면세품

기초 어휘와 표현

기초 어휘와 표현(CD에 녹음 된 네이티브 음성을 듣고 따라해 보세요)

練習(れんしゅう)する単語(たんご)は次(つぎ)のとおりです。文字(もじ)と発音(はつおん)を確認(かくにん)しましょう。

(연습할 단어는 다음과 같습니다. 문자와 발음을 확인합시다.)

形容詞	ナ形容詞
1 大(おお)きい	1 静(しず)かだ
2 小(ちい)さい	2 きれいだ
3 長(なが)い	3 便利(べんり)だ
4 短(みじか)い	4 不便(ふべん)だ
5 重(おも)い	5 好(す)きだ
6 軽(かる)い	6 きらいだ
7 暑(あつ)い	7 大事(だいじ)だ
8 寒(さむ)い	8 大丈夫(だいじょうぶ)だ
9 早(はや)い	9 簡単(かんたん)だ
10 遅(おそ)い	10 複雑(ふくざつ)だ
11 高(たか)い	11 真面目(まじめ)だ
12 低(ひく)い	12 心配(しんぱい)だ
13 多(おお)い	13 駄目(だめ)だ
14 少(すく)ない	14 上手(じょうず)だ
15 良(い)い	15 下手(へた)だ
16 悪(わる)い	16 暇(ひま)だ
17 強(つよ)い	17 親切(しんせつ)だ
18 弱(よわ)い	18 元気(げんき)だ
19 遠(とお)い	19 大変(たいへん)だ
20 近(ちか)い	20 かわいそうだ

一Group動詞(五段動詞)	二Group動詞・三Group動詞
1 話(はな)す	1 起(お)きる
2 行(い)く	2 着(き)る
3 書(か)く	3 いる
4 泳(およ)ぐ	4 降(お)りる
5 会(あ)う	5 見(み)る
6 買(か)う	6 できる
7 思(おも)う	7 食(た)べる
8 待(ま)つ	8 開(あ)ける
9 売(う)る	9 閉(し)める
10 乗(の)る	10 勤(つと)める
11 切(き)る	11 教(おし)える
12 入(はい)る	12 寝(ね)る
13 ある	13 変(か)える
14 わかる	14 考(かんが)える
15 飲(の)む	15 かける
16 住(す)む	16 見(み)せる
17 死(し)ぬ	17 見(み)える
18 遊(あそ)ぶ	18 聞(き)こえる
19 帰(かえ)る	19 する※
20 なる	20 来(く)る※

※ 三類動詞「する」(サ行変格活用動詞)

※ 三類動詞「来る」(カ行変格活用動詞)

기초 어휘와 표현(CD에 녹음 된 네이티브 음성을 듣고 따라해 보세요)

第１課　基礎単語

形容詞

◎ 意味を考えながら2回ずつ一緒に言ってください。
(의미를 생각하며 두 번씩 같이 말해 주세요.)

1 大きい
2 小さい
3 長い
4 短い
5 重い
6 軽い
7 暑い
8 寒い
9 早い
10 遅い
11 高い
12 低い
13 多い
14 少ない
15 良い
16 悪い
17 強い
18 弱い
19 遠い
20 近い

ナ形容詞

◎ 意味を考えながら2回ずつ一緒に言ってください。

1 静かだ
2 きれいだ
3 便利だ
4 不便だ
5 好きだ
6 きらいだ
7 大事だ
11 真面目だ
12 心配だ
13 駄目だ
14 上手だ
15 下手だ
16 暇だ
17 親切だ

8 大丈夫だ
9 簡単だ
10 複雑だ
18 元気だ
19 大変だ
20 かわいそうだ

動詞

◎ 意味を考えながら2回ずつ一緒に言ってください。

1 話す
2 行く
3 書く
4 泳ぐ
5 会う
6 買う
7 思う
8 待つ
9 売る
10 乗る
11 切る
12 入る
13 ある
14 わかる
15 飲む
16 住む
17 死ぬ
18 遊ぶ
19 帰る
20 なる
21 起きる
22 着る
23 いる
24 降りる
25 見る
26 できる
27 食べる
28 開ける
29 閉める
30 勤める
31 教える
32 寝る
33 変える
34 考える
35 かける
36 見せる
37 見える
38 聞こえる
39 する
40 来る

기초 어휘와 표현(CD에 녹음 된 네이티브 음성을 듣고 따라해 보세요)

第２課　基礎活用練習(きそかつようれんしゅう)

形容詞とナ形容詞のです形

◎ 例のように活用させてください。(例와 같이 활용시키세요.)

例 大きい → 大きいです
静かだ → 静かです

1	大きい	→ 大きいです	11	高い	→ 高いです
2	長い	→ 長いです	12	低い	→ 低いです
3	重い	→ 重いです	13	少ない	→ 少ないです
4	静かだ	→ 静かです	14	簡単だ	→ 簡単です
5	便利だ	→ 便利です	15	いい	→ いいです
6	暑い	→ 暑いです	16	上手だ	→ 上手です
7	好きだ	→ 好きです	17	強い	→ 強いです
8	大事だ	→ 大事です	18	元気だ	→ 元気です
9	寒い	→ 寒いです	19	遠い	→ 遠いです
10	大丈夫だ	→ 大丈夫です	20	かわいそうだ	→ かわいそうです

応用練習

1 教室はきれいだ → 教室はきれいです
2 バスは不便だ → バスは不便です
3 魚はきらいだ → 魚はきらいです
4 この机は大きい → この机は大きいです
5 この本は軽い → この本は軽いです
6 韓国の冬は寒い → 韓国の冬は寒いです
7 テストは簡単だ → テストは簡単です
8 山田さんは真面目だ → 山田さんは真面目です
9 アメリカは遠い → アメリカは遠いです
10 日本語が上手だ → 日本語が上手です

動詞のます形

◎ 例のように活用させてください。

例 話す → 話します

1 行く → 行きます
2 泳ぐ → 泳ぎます
3 買う → 買います
4 思う → 思います
5 待つ → 待ちます
6 売る → 売ります
7 切る → 切ります
8 ある → あります
9 わかる → わかります
10 飲む → 飲みます
11 起きる → 起きます
12 着る → 着ます
13 いる → います
14 見る → 見ます
15 開ける → 開けます
16 勤める → 勤めます
17 できる → できます
18 変える → 変えます
19 する → します
20 来る → 来ます

応用練習

1 海で泳ぐ → 海で泳ぎます
2 友達に会う → 友達に会います
3 ノートを買う → ノートを買います
4 電車に乗る → 電車に乗ります
5 友達と遊ぶ → 友達と遊びます
6 ご飯を食べる → ご飯を食べます
7 一生懸命考える → 一生懸命考えます
8 電話をかける → 電話をかけます
9 勉強をする → 勉強をします
10 手紙が来る → 手紙が来ます

기초 어휘와 표현(CD에 녹음 된 네이티브 음성을 듣고 따라해 보세요)

形容詞とナ形容詞の否定形

◎ 例のように活用させてください。

例 大きい → 大きくありません
静かだ → 静かじゃありません

1 小さい → 小さくありません
2 短い → 短くありません
3 軽い → 軽くありません
4 寒い → 寒くありません
5 不便だ → 不便じゃありません
6 好きだ → 好きじゃありません
7 大事だ → 大事じゃありません
8 早い → 早くありません
9 低い → 低くありません
10 大丈夫だ → 大丈夫じゃありません
11 複雑だ → 複雑じゃありません
12 真面目だ → 真面目じゃありません
13 心配だ → 心配じゃありません
14 多い → 多くありません
15 いい → よくありません
16 暇だ → 暇じゃありません
17 親切だ → 親切じゃありません
18 悪い → 悪くありません
19 弱い → 弱くありません
20 大変だ → 大変じゃありません

応用練習

1 テレビは大きい → テレビは大きくありません
2 5月は寒い → 5月は寒くありません
3 バスは便利だ → バスは便利じゃありません
4 猫が好きだ → 猫が好きじゃありません
5 学生は多い → 学生は多くありません
6 このペンはいい → このペンはよくありません
7 あの人は真面目だ → あの人は真面目じゃありません
8 英語が上手だ → 英語が上手じゃありません
9 あの人は強い → あの人は強くありません
10 仕事は大変だ → 仕事は大変じゃありません

動詞の否定形

◎ 例のように活用させてください。

例 話す → 話しません

1 話す → 話しません
2 行く → 行きません
3 会う → 会いません
4 思う → 思いません
5 待つ → 待ちません
6 売る → 売りません
7 乗る → 乗りません
8 切る → 切りません
9 ある → ありません
10 死ぬ → 死にません
11 なる → なりません
12 着る → 着ません
13 降りる → 降りません
14 開ける → 開けません
15 寝る → 寝ません
16 かける → かけません
17 見える → 見えません
18 聞こえる → 聞こえません
19 する → しません
20 来る → 来ません

応用練習

1 学校へ行く → 学校へ行きません
2 ラジオを買う → ラジオを買いません
3 タクシーに乗る → タクシーに乗りません
4 髪を切る → 髪を切りません
5 部屋に入る → 部屋に入りません
6 家に帰る → 家に帰りません
7 運転ができる → 運転ができません
8 声が聞こえる → 声が聞こえません
9 掃除をする → 掃除をしません
10 返事が来る → 返事が来ません

기초 어휘와 표현(CD에 녹음 된 네이티브 음성을 듣고 따라해 보세요)

形容詞とナ形容詞の過去形

◎ 例のように活用させてください。

例 大きい → 大きかったです
きれいだ → きれいでした

1 大きい → 大きかったです
2 長い → 長かったです
3 重い → 重かったです
4 静かだ → 静かでした
5 便利だ → 便利でした
6 暑い → 暑かったです
7 好きだ → 好きでした
8 大事だ → 大事でした
9 寒い → 寒かったです
10 大丈夫だ → 大丈夫でした
11 高い → 高かったです
12 低い → 低かったです
13 少ない → 少なかったです
14 簡単だ → 簡単でした
15 いい → よかったです
16 上手だ → 上手でした
17 強い → 強かったです
18 元気だ → 元気でした
19 遠い → 遠かったです
20 かわいそうだ → かわいそうでした

応用練習

1 教室はきれいだ → 教室はきれいでした
2 バスは不便だ → バスは不便でした
3 魚はきらいだ → 魚はきらいでした
4 カバンは重い → カバンは重かったです
5 去年は暑い → 去年は暑かったです
6 韓国の冬は寒い → 韓国の冬は寒かったです
7 テストは簡単だ → テストは簡単でした
8 山田さんは真面目だ → 山田さんは真面目でした
9 この本はいい → この本はよかったです
10 日本語が上手だ → 日本語が上手でした

動詞の過去形

◎ 例のように活用させてください。

例 話す → 話しました

1 行く → 行きました
2 泳ぐ → 泳ぎました
3 買う → 買いました
4 思う → 思いました
5 待つ → 待ちました
6 売る → 売りました
7 切る → 切りました
8 ある → ありました
9 わかる → わかりました
10 飲む → 飲みました
11 できる → できました
12 着る → 着ました
13 いる → いました
14 見る → 見ました
15 開ける → 開けました
16 勤める → 勤めました
17 教える → 教えました
18 変える → 変えました
19 する → しました
20 来る → 来ました

応用練習

1 友達と話す → 友達と話しました
2 手紙を書く → 手紙を書きました
3 電話を待つ → 電話を待ちました
4 東京に住む → 東京に住みました
5 医者になる → 医者になりました
6 答えがわかる → 答えがわかりました
7 ビルができる → ビルができました
8 ドアを閉める → ドアを閉めました
9 食事をする → 食事をしました
10 一緒に来る → 一緒に来ました

기초 어휘와 표현(CD에 녹음 된 네이티브 음성을 듣고 따라해 보세요)

形容詞の過去否定形

◎ 例のように活用させてください。

例 大きい	→	大きくありませんでした
静かだ	→	静かじゃありませんでした

1 長い → 長くありませんでした
2 きれいだ → きれいじゃありませんでした
3 小さい → 小さくありませんでした
4 きらいだ → きらいじゃありませんでした
5 短い → 短くありませんでした
6 不便だ → 不便じゃありませんでした
7 軽い → 軽くありませんでした
8 簡単だ → 簡単じゃありませんでした
9 早い → 早くありませんでした
10 駄目だ → 駄目じゃありませんでした
11 遅い → 遅くありませんでした
12 複雑だ → 複雑じゃありませんでした
13 心配だ → 心配じゃありませんでした
14 高い → 高くありませんでした
15 上手だ → 上手じゃありませんでした
16 少ない → 少なくありませんでした
17 下手だ → 下手じゃありませんでした
18 いい → よくありませんでした
19 親切だ → 親切じゃありませんでした
20 大変だ → 大変じゃありませんでした

応用練習

1. テレビは大きい → テレビは大きくありませんでした
2. 5月は寒い → 5月は寒くありませんでした
3. バスは便利だ → バスは便利じゃありませんでした
4. 猫が好きだ → 猫が好きじゃありませんでした
5. 学生は多い → 学生は多くありませんでした
6. このペンはいい → このペンはよくありませんでした
7. あの人は真面目だ → あの人は真面目じゃありませんでした
8. 英語が上手だ → 英語が上手じゃありませんでした
9. あの人は強い → あの人は強くありませんでした
10. 昨日は暇だ → 昨日は暇じゃありませんでした

動詞の過去否定形

◎ 例のように活用させてください。

例 話す → 話しませんでした

1. 話す → 話しませんでした
2. 行く → 行きませんでした
3. 会う → 会いませんでした
4. 思う → 思いませんでした
5. 待つ → 待ちませんでした
6. 売る → 売りませんでした
7. 乗る → 乗りませんでした
8. 切る → 切りませんでした
9. ある → ありませんでした
10. 死ぬ → 死にませんでした
11. なる → なりませんでした
12. 着る → 着ませんでした

기초문법 어휘(CD에 녹음 된 네이티브 음성을 듣고 따라해 보세요)

13 できる → できませんでした
14 開ける → 開けませんでした
15 寝る → 寝ませんでした
16 かける → かけませんでした
17 見える → 見えませんでした
18 聞こえる → 聞こえませんでした
19 する → しませんでした
20 来る → 来ませんでした

応用練習

1 学校へ行く → 学校へ行きませんでした
2 ラジオを買う → ラジオを買いませんでした
3 タクシーに乗る → タクシーに乗りませんでした
4 髪を切る → 髪を切りませんでした
5 部屋に入る → 部屋に入りませんでした
6 家に帰る → 家に帰りませんでした
7 英語を教える → 英語を教えませんでした
8 声が聞こえる → 声が聞こえませんでした
9 掃除をする → 掃除をしませんでした
10 返事が来る → 返事が来ませんでした

第３課　テ形

形容詞とナ形容詞のテ形

◎ 例のように活用させてください。

例 大きい → 大きくて
静かだ → 静かで

1. 長い → 長くて
2. 重い → 重くて
3. きれいだ → きれいで
4. 便利だ → 便利で
5. 遅い → 遅くて
6. 不便だ → 不便で
7. きらいだ → きらいで
8. 寒い → 寒くて
9. 低い → 低くて
10. 簡単だ → 簡単で
11. 真面目だ → 真面目で
12. 多い → 多くて
13. 悪い → 悪くて
14. 心配だ → 心配で
15. 暇だ → 暇で
16. 強い → 強くて
17. いい → よくて
18. 近い → 近くて
19. 遠い → 遠くて
20. かわいそうだ → かわいそうで

応用練習

◎ 例のように活用させてください。

例 この机は大きい・重い → この机は大きくて重いです

1. 田舎は静かだ・きれいだ → 田舎は静かできれいです
2. このラジオは軽い・いい → このラジオは軽くていいです
3. 韓国の冬は寒い・長い → 韓国の冬は寒くて長いです
4. 市役所は遠い・不便だ → 市役所は遠くて不便です
5. 学校は近い・便利だ → 学校は近くて便利です
6. 電車は便利だ・好きだ → 電車は便利で好きです
7. 山田さんは真面目だ・親切だ → 山田さんは真面目で親切です
8. 私は英語が下手だ・心配だ → 私は英語が下手で心配です
9. コンピューターは複雑だ・きらいだ → コンピューターは複雑できらいです
10. 仕事が少ない・暇だ → 仕事が少なくて暇です

기초 어휘와 표현(CD에 녹음 된 네이티브 음성을 듣고 따라해 보세요)

動詞のテ形

◎ 例のように活用させてください。

例 話す → 話して

1. 行く → 行って
2. 泳ぐ → 泳いで
3. 買う → 買って
4. 待つ → 待って
5. 乗る → 乗って
6. 書く → 書いて
7. わかる → わかって
8. ある → あって
9. 住む → 住んで
10. 帰る → 帰って
11. 起きる → 起きて
12. いる → いて
13. 見る → 見て
14. 食べる → 食べて
15. できる → できて
16. 教える → 教えて
17. 変える → 変えて
18. かける → かけて
19. する → して
20. 来る → 来て

応用練習

◎ 例のように活用させてください。

例 ちょっと教える → ちょっと教えてください

1. わたしに話す → わたしに話してください
2. 手紙を書く → 手紙を書いてください
3. 20分待つ → 20分待ってください
4. 背広を着る → 背広を着てください
5. お酒を飲む → お酒を飲んでください
6. ここにいる → ここにいてください
7. もう少し考える → もう少し考えてください
8. パスポートを見せる → パスポートを見せてください
9. 何回も練習する → 何回も練習してください
10. こちらへ来る → こちらへ来てください

第４課　形容詞の副詞形(ふくしけい)

◎ 例のように活用させてください。

例 大きい → 大きくなります
静かだ → 静かになります

1 大きい → 大きくなります
2 短い → 短くなります
3 きれいだ → きれいになります
4 重い → 重くなります
5 不便だ → 不便になります
6 きらいだ → きらいになります
7 暑い → 暑くなります
8 遅い → 遅くなります
9 簡単だ → 簡単になります
10 少ない → 少なくなります
11 悪い → 悪くなります
12 心配だ → 心配になります
13 下手だ → 下手になります
14 いい → よくなります
15 遠い → 遠くなります
16 親切だ → 親切になります
17 大事だ → 大事になります
18 小さい → 小さくなります
19 元気だ → 元気になります
20 かわいそうだ → かわいそうになります

応用練習

1 日が長い → 日が長くなります
2 荷物が重い → 荷物が重くなります
3 町が静かだ → 町が静かになります
4 生活が便利だ → 生活が便利になります
5 だんだん暑い → だんだん暑くなります
6 魚が好きだ → 魚が好きになります
7 物価が高い → 物価が高くなります
8 日本語が上手だ → 日本語が上手になります
9 宿題が多い → 宿題が多くなります
10 仕事が大変だ → 仕事が大変になります

기초 어휘와 표현(CD에 녹음 된 네이티브 음성을 듣고 따라해 보세요)

第５課　タ形

形容詞とナ形容詞のタ形

◎ 例のように活用させてください。

例 大きい → 大きかった
静かだ → 静かだった

1. 小さい → 小さかった
2. 短い → 短かった
3. 静かだ → 静かだった
4. 便利だ → 便利だった
5. 重い → 重かった
6. 好きだ → 好きだった
7. 軽い → 軽かった
8. 暑い → 暑かった
9. 大丈夫だ → 大丈夫だった
10. 早い → 早かった
11. 簡単だ → 簡単だった
12. 低い → 低かった
13. 多い → 多かった
14. 真面目だ → 真面目だった
15. 心配だ → 心配だった
16. 少ない → 少なかった
17. 駄目だ → 駄目だった
18. いい → よかった
19. 親切だ → 親切だった
20. 近い → 近かった

応用練習

1. 服が小さい → 服が小さかった
2. 時間が長い → 時間が長かった
3. 夜は静かだ → 夜は静かだった
4. 交通は不便だ → 交通は不便だった
5. 野菜はきらいだ → 野菜はきらいだった
6. 背が低い → 背が低かった
7. 試験は簡単だ → 試験は簡単だった
8. 本は少ない → 本は少なかった
9. 目が悪い → 目が悪かった
10. 勉強は大変だ → 勉強は大変だった

動詞のタ形

◎ 例のように活用させてください。

例 話す → 話した

1 話す → 話した
2 行く → 行った
3 書く → 書いた
4 思う → 思った
5 待つ → 待った
6 泳ぐ → 泳いだ
7 乗る → 乗った
8 遊ぶ → 遊んだ
9 ある → あった
10 死ぬ → 死んだ
11 なる → なった
12 着る → 着た
13 降りる → 降りた
14 開ける → 開けた
15 寝る → 寝た
16 かける → かけた
17 見える → 見えた
18 聞こえる → 聞こえた
19 する → した
20 来る → 来た

応用練習

1 日本に行く → 日本に行った
2 友達に会う → 友達に会った
3 30分待つ → 30分待った
4 ビールを飲む → ビールを飲んだ
5 国に帰る → 国に帰った
6 髪を切る → 髪を切った
7 友達ができる → 友達ができた
8 背広を着る → 背広を着た
9 ボーリングをする → ボーリングをした
10 友達が来る → 友達が来た

기초 어휘와 표현(CD에 녹음 된 네이티브 음성을 듣고 따라해 보세요)

第６課　ナイ形

形容詞とナ形容詞のナイ形

◎ 例のように活用させてください。

> 例 大きい → 大きくない
> 　 静かだ → 静かじゃない

1. 小さい → 小さくない
2. 短い → 短くない
3. 静かだ → 静かじゃない
4. 便利だ → 便利じゃない
5. 重い → 重くない
6. 好きだ → 好きじゃない
7. 軽い → 軽くない
8. 暑い → 暑くない
9. 大丈夫だ → 大丈夫じゃない
10. 早い → 早くない
11. 簡単だ → 簡単じゃない
12. 低い → 低くない
13. 多い → 多くない
14. 真面目だ → 真面目じゃない
15. 心配だ → 心配じゃない
16. 少ない → 少なくない
17. 駄目だ → 駄目じゃない
18. いい → よくない
19. 親切だ → 親切じゃない
20. 近い → 近くない

応用練習

1. 服が小さい → 服が小さくない
2. 時間が長い → 時間が長くない
3. 夜は静かだ → 夜は静かじゃない
4. 交通は不便だ → 交通は不便じゃない
5. 野菜はきらいだ → 野菜はきらいじゃない
6. 背が低い → 背が低くない
7. 試験は簡単だ → 試験は簡単じゃない
8. 本は少ない → 本は少なくない
9. 目が悪い → 目が悪くない
10. 勉強は大変だ → 勉強は大変じゃない

動詞のナイ形

◎ 例のように活用させてください。

例 話す → 話さない

1 泳ぐ → 泳がない
2 行く → 行かない
3 会う → 会わない
4 書く → 書かない
5 待つ → 待たない
6 売る → 売らない
7 飲む → 飲まない
8 切る → 切らない
9 ある → ない
10 死ぬ → 死なない
11 なる → ならない
12 着る → 着ない
13 降りる → 降りない
14 開ける → 開けない
15 できる → できない
16 かける → かけない
17 見える → 見えない
18 聞こえる → 聞こえない
19 する → しない
20 来る → 来ない

応用練習

1 山へ行く → 山へ行かない
2 手紙を書く → 手紙を書かない
3 友達に会う → 友達に会わない
4 本を買う → 本を買わない
5 お金がある → お金がない
6 髪を切る → 髪を切らない
7 家へ帰る → 家へ帰らない
8 背広を着る → 背広を着ない
9 犬がいる → 犬がいない
10 勉強をする → 勉強をしない

기초 어휘와 표현(CD에 녹음 된 네이티브 음성을 듣고 따라해 보세요)

形容詞とナ形容詞のナイ形(過去)

◎ 例のように活用させてください。

例 大きい → 大きくなかった
静かだ → 静かじゃなかった

1 小さい → 小さくなかった
2 短い → 短くなかった
3 静かだ → 静かじゃなかった
4 便利だ → 便利じゃなかった
5 重い → 重くなかった
6 好きだ → 好きじゃなかった
7 軽い → 軽くなかった
8 暑い → 暑くなかった
9 大丈夫だ → 大丈夫じゃなかった
10 早い → 早くなかった
11 簡単だ → 簡単じゃなかった
12 低い → 低くなかった
13 多い → 多くなかった
14 真面目だ → 真面目じゃなかった
15 心配だ → 心配じゃなかった
16 少ない → 少なくなかった
17 駄目だ → 駄目じゃなかった
18 いい → よくなかった
19 親切だ → 親切じゃなかった
20 近い → 近くなかった

応用練習

1 服が小さい → 服が小さくなかった
2 時間が長い → 時間が長くなかった
3 夜は静かだ → 夜は静かじゃなかった
4 交通は不便だ → 交通は不便じゃなかった
5 野菜はきらいだ → 野菜はきらいじゃなかった
6 背が低い → 背が低くなかった
7 試験は簡単だ → 試験は簡単じゃなかった
8 本は少なかった → 本は少なくなかった
9 目が悪い → 目が悪くなかった
10 勉強は大変だ → 勉強は大変じゃなかった

動詞のナイ形(過去)

◎ 例のように活用させてください。

例 話す → 話さなかった

1 泳ぐ → 泳がなかった
2 行く → 行かなかった
3 会う → 会わなかった
4 書く → 書かなかった
5 待つ → 待たなかった
6 売る → 売らなかった
7 飲む → 飲まなかった
8 切る → 切らなかった
9 ある → なかった
10 死ぬ → 死ななかった
11 なる → ならなかった
12 着る → 着なかった
13 降りる → 降りなかった
14 できる → できなかった
15 寝る → 寝なかった
16 かける → かけなかった
17 見える → 見えなかった
18 聞こえる → 聞こえなかった
19 する → しなかった
20 来る → 来なかった

応用練習

1 山へ行く → 山へ行かなかった
2 手紙を書く → 手紙を書かなかった
3 友達に会う → 友達に会わなかった
4 本を買う → 本を買わなかった
5 お金がある → お金がなかった
6 髪を切る → 髪を切らなかった
7 家へ帰る → 家へ帰らなかった
8 背広を着る → 背広を着なかった
9 犬がいる → 犬がいなかった
10 勉強をする → 勉強をしなかった

기초 어휘와 표현(CD에 녹음 된 네이티브 음성을 듣고 따라해 보세요)

第７課　動詞の可能形(かのうけい)

動詞の可能形

◎ 例のように活用させてください。

例 話す → 話せる

1. 行く → 行ける
2. 書く → 書ける
3. 泳ぐ → 泳げる
4. 会う → 会える
5. 待つ → 待てる
6. 売る → 売れる
7. 切る → 切れる
8. 飲む → 飲める
9. 遊ぶ → 遊べる
10. 帰る → 帰れる
11. なる → なれる
12. 起きる → 起きられる
13. 着る → 着られる
14. いる → いられる
15. 食べる → 食べられる
16. 教える → 教えられる
17. 変える → 変えられる
18. 考える → 考えられる
19. する → できる
20. 来る → 来られる

応用練習

1. 一人で行く → 一人で行ける
2. 漢字を書く → 漢字を書ける
3. 100メートル泳ぐ → 100メートル泳げる
4. 1時間待つ → 1時間待てる
5. 船に乗る → 船に乗れる
6. 朝早く起きる → 朝早く起きられる
7. 全部食べる → 全部食べられる
8. 英語を教える → 英語が教えられる
9. 運転する → 運転できる
10. 今日来る → 今日来られる

第８課　時間（じかん）・日付（ひづけ）・助数詞（じょすうし）

時間 ①

◎ 例のように言ってください。

例 1 → いちじ

1	1	→ いちじ		7	7	→ しちじ
2	2	→ にじ		8	8	→ はちじ
3	3	→ さんじ		9	9	→ くじ
4	4	→ よじ		10	10	→ じゅうじ
5	5	→ ごじ		11	11	→ じゅういちじ
6	6	→ ろくじ		12	12	→ じゅうにじ

時間 ②

◎ 例のように言ってください。

例 1 → いっぷん

1	1	→ いっぷん		8	8	→ はっぷん/はちふん
2	2	→ にふん		9	9	→ きゅうふん
3	3	→ さんぷん		10	10	→ じゅっぷん
4	4	→ よんぷん		11	20	→ にじゅっぷん
5	5	→ ごふん		12	30	→ さんじゅっぷん
6	6	→ ろっぷん		13	40	→ よんじゅっぷん
7	7	→ ななふん		14	50	→ ごじゅっぷん

기초 어휘와 표현(CD에 녹음 된 네이티브 음성을 듣고 따라해 보세요)

応用練習

◎ 例のように言ってください。

例 1：20 → いちじにじゅっぷん

1. 2：35 → にじさんじゅうごふん
2. 12：10 → じゅうにじじゅっぷん
3. 3：30 → さんじさんじゅっぷん
4. 5：15 → ごじじゅうごふん
5. 7：23 → しちじにじゅうさんぷん
6. 11：04 → じゅういちじよんぷん
7. 4：05 → よじごふん
8. 2：55 → にじごじゅうごふん
9. 11：37 → じゅういちさんじゅうななふん
10. 6：09 → ろくじきゅうふん

日付 ①

◎ 例のように言ってください。

例 1 → いちがつ

1. 1 → いちがつ
2. 2 → にがつ
3. 3 → さんがつ
4. 4 → しがつ
5. 5 → ごがつ
6. 6 → ろくがつ
7. 7 → しちがつ
8. 8 → はちがつ
9. 9 → くがつ
10. 10 → じゅうがつ
11. 11 → じゅっいちがつ
12. 12 → じゅっにがつ

日付 ②

◎ 例のように言ってください。

例 1 → ついたち

1	1	→	ついたち	16	16	→	じゅうろくにち
2	2	→	ふつか	17	17	→	じゅうしちにち
3	3	→	みっか	18	18	→	じゅうはちにち
4	4	→	よっか	19	19	→	じゅうくにち
5	5	→	いつか	20	20	→	はつか
6	6	→	むいか	21	21	→	にじゅういちにち
7	7	→	なのか	22	22	→	にじゅうににち
8	8	→	ようか	23	23	→	にじゅうさんにち
9	9	→	ここのか	24	24	→	にじゅうよっか
10	10	→	とおか	25	25	→	にじゅうごにち
11	11	→	じゅういちにち	26	26	→	にじゅうろくにち
12	12	→	じゅうににち	27	27	→	にじゅうしちにち
13	13	→	じゅうさんにち	28	28	→	にじゅうはちにち
14	14	→	じゅうよっか	29	29	→	にじゅうくにち
15	15	→	じゅうごにち	30	30	→	さんじゅうにち

応用練習

1 10 . 10 → じゅうがつとおか
2 5 . 5 → ごがついつか
3 4 . 29 → しがつにじゅうくにち
4 2 . 3 → にがつみっか
5 12 . 7 → じゅうにがつなのか
6 1 . 20 → いちがつはつか
7 9 . 14 → くがつじゅうよっか

기초 어휘와 표현(CD에 녹음 된 네이티브 음성을 듣고 따라해 보세요)

8 12 . 19 → じゅっにがつじゅうくにち
9 8 . 9 → はちがつここのか
10 3 . 8 → さんがつようか

助数詞 ①

◎ 例のように言ってください。

例 1 → いっぽん

1 1 → いっぽん
2 2 → にほん
3 3 → さんぼん
4 4 → よんほん
5 5 → ごほん
6 6 → ろっぽん
7 7 → ななほん
8 8 → はっぽん
9 11 → きゅうほん
10 10 → じゅっぽん
11 何 → なんぼん

助数詞 ②

◎ 例のように言ってください。

例 1 → いちまい

1 1 → いちまい
2 2 → にまい
3 3 → さんまい
4 4 → よんまい
5 5 → ごまい
6 6 → ろくまい
7 7 → ななまい
8 8 → はちまい
9 9 → きゅうまい
10 10 → じゅうまい
11 何 → なんまい

助数詞 ③

◎ 例のように言ってください。

例 1 → いちだい

1 1 → いちだい
2 2 → にだい
3 3 → さんだい
4 4 → よんだい
5 5 → ごだい
6 6 → ろくだい
7 7 → ななだい
8 8 → はちだい
9 9 → きゅうだい
10 10 → じゅうだい
11 何 → なんだい

助数詞 ④

◎ 例のように言ってください。

例 1 → ひとつ

1 1 → ひとつ
2 2 → ふたつ
3 3 → みっつ
4 4 → よっつ
5 5 → いつつ
6 6 → むっつ
7 7 → ななつ
8 8 → やっつ
9 9 → ここのつ
10 10 → とお
11 何 → いくつ

기초 어휘와 표현(CD에 녹음 된 네이티브 음성을 듣고 따라해 보세요)

助数詞 ⑤

◎ 例のように言ってください。

例 1 → いっさつ

1	1	→	いっさつ
2	2	→	にさつ
3	3	→	さんさつ
4	4	→	よんさつ
5	5	→	ごさつ
6	6	→	ろくさつ
7	7	→	ななさつ
8	8	→	はっさつ
9	9	→	きゅうさつ
10	10	→	じゅっさつ
11	何	→	なんさつ

助数詞 ⑥

◎ 例のように言ってください。

例 1 → いっぱい

1	1	→	いっぱい
2	2	→	にはい
3	3	→	さんばい
4	4	→	よんはい
5	5	→	ごはい
6	6	→	ろっぱい
7	7	→	ななはい
8	8	→	はっぱい
9	9	→	きゅうはい
10	10	→	じゅっぱい
11	何	→	なんばい

회화 연습 모범답안

회화 연습 모범답안

Unit 21

1 今、部屋の掃除をしています。

2 今、昼ご飯を食べています。

3 今、本を読んでいます。

4 昨日は会議の報告書を書いていました。

5 昨日は論文の資料を集めていました。

6 最近は毎日プールで泳いでいます。

7 最近はスポーツクラブに通っています。

Unit 22

1 はい、持っています。

2 はい、しめています。

3 はい、出ています。

4 はい、乗っています。

5 はい、座っています。

6 はい、ついています。

7 はい、終わっています。

Unit 23

会う	会わない	遊ぶ	遊ばない
書く	書かない	飲む	飲まない
話す	話さない	帰る	帰らない

立つ	立たない	来る	来ない
死ぬ	死なない	する	しない

○

1. いいえ、まだ終わっていません。
2. いいえ、まだ帰っていません。
3. いいえ、まだ全部買っていません。
4. いいえ、まだ返していません。

Unit 24

1. きれいで優しいからです。
2. 日本製だからです。
3. 仕事がたくさん残っているからです。
4. お金が無いからです。
5. まだ田中さんが来ていないからです。
6. フィルムを全部使ったからです。
7. まだ寒くないからです。

Unit 25

1. 車の免許が取りたいです。
2. 世界旅行がしたかったです。
3. いいえ、(香港映画は見たくありません。)邦画が見たいです。

회화 연습 모범답안

4 いいえ、結婚したくありませんでした。

5 (田中さんは)海外旅行をしたがっています。

6 いいえ、(田中さんは日本に帰りたがっていません。)中国に行きたがっています。

7 いいえ、(吉田さんは国際電話を)かけたがっていませんでした。

Unit 26

1 日本語を勉強しに行きます。

2 上司に書類を届けに行きます。

3 (昨日は)友だちに会いに喫茶店へ行きました。

4 (韓国へ)商品のサンプルを取りに来ました。

5 はい、忘れ物を取りに(家に)帰ります。

6 (昨日は)友だちを迎えに(空港へ)行きました。

7 (田中さんは)家へ車を置きに帰りました。

Unit 27

1 ここはわたしが使っていた部屋です。

2 わたしは母が作った料理が食べたいです。

3 それは日本料理に使う材料です。

4 それは日本から取り寄せた本です。

5 田中さんはコーヒーを飲んでいる男の人です。

6 木村さんはお酒を飲んでいない女の方です。

7 新村で食べた焼き肉がおいしかったです。

Unit 28

1. 友だちと話をするのがおもしろいです。
2. 単語を覚えるのが大変です。
3. 一人でいるのがきらいです。
4. 絵をかくのが上手です。
5. 借金を断るのが下手です。
6. 日曜日が来るのが楽しみでした。
7. 日本語を使えなかったのが残念でした。

Unit 29

1. ソウルは東京ほど広くありません。
2. この商品のほうが(その商品より)品質がいいです。
3. 課長の給料は部長の給料ほど多くありません。
4. 東京の物価のほうが(ソウルの物価より)高いです。
5. (この問題とあの問題は)どちらも同じぐらい難しいです。
6. (李さんと朴さんは)どちらも同じぐらい日本語が上手です。
7. (奥さんとお母さんは)どちらも同じぐらい怖いです。

Unit 30

1. A：釜山からソウルまで飛行機とバスと自動車(とでは・の中で)どれが一番安いですか。
   B：バスが一番安いです。

회화 연습 모범답안

2 A : 京都と大阪と横浜(とでは・の中で)どこが一番有名ですか。

B : 京都が一番有名です。

3 A : 特急と急行と快速 (とでは・の中で)どれが一番速いですか。

B : 特急が一番速いです

4 A : 韓国とシンガポールと台湾 (とでは・の中で)どこが一番人口が多いですか。

B : 韓国が一番人口が多いです。

5 A : このクラス(の中)で誰が一番日本語が上手ですか。

B : 李さんが一番上手です。

6 A : 一年(の中)でいつが一番忙しいですか。

B : いつも同じぐらい忙しいです。

7 A : 日本語(の中)で何が一番難しいですか。

B : 敬語が一番難しいです。

Unit 31

1 いいえ、降らなかったと思います。

2 はい、勉強していると思います。

3 はい、会社員だと思います。

4 いいえ、休みじゃなかったと思います。

5 はい、上手だと思います。

6 いいえ、おいしくないと思います。

7 はい、寒かったと思います。

Unit 32

1 日本で仕事をしたことはありませんが、大学に通ったことはあります。

2 日本語を勉強したことはありませんが、英語を勉強したことはあります。

3 読んだことはありませんが、名前を聞いたことはあります。

4 会ったことはありませんが、電話で話したことはあります。

5 パソコンを使ったことはありませんが、ファックス を使ったことはあります。

6 海外出張をしたことはありませんが、海外旅行をしたことはあります。

7 お酒を飲んだことはありませんが、食事をしたことはあります。

Unit 33

1 いつもビールを飲みますが、たまに焼酎を飲むこともあります。

2 いつもご飯を食べますが、たまにパンを食べることもあります。

3 いつも10時頃に家へ帰りますが、たまに7時頃に家へ帰ることもあります。

4 いつも朝日新聞を読みますが、たまに読売新聞を読むこともあります。

5 いつも家族と一緒に食べますが、たまに会社の同僚と食べることもあります。

6 いつも居酒屋で飲みますが、たまにパブで飲むこともあります。

7 いつも自分の部屋で勉強しますが、たまに図書館で勉強することもあります。

Unit 34

1 早く家に帰って勉強したほうがいいですよ。

2 今日はゆっくり家で休んだほうがいいですよ。

3 できるだけ日本語の勉強をして行ったほうがいいですよ。

회화 연습 모범답안

4 一度病院に行ったほうがいいですよ。

5 混みますから、市内へ行かないほうがいいですよ。

6 無理に仕事をしないほうがいいですよ。

7 生水を飲まないほうがいいですよ。

Unit 35

1 指輪をしていませんから、(彼女は)独身でしょう。

2 カラオケボックスによく行きますから、(李さんは歌が)上手でしょう。

3 高い材料を使っていますから、(この料理は)おいしいでしょう。

4 今日は日曜日ですから、(道が)空いているでしょう。

5 みんなアルバイトをしていますから、(アルバイトが)すぐ見つかるでしょう。

6 有名なブランドですから、(その服は)いいでしょう。

7 みんないい人だと言っていますから、(あの人は)いい人でしょう。

Unit 36

1 分かりませんから、着てみましょう。

2 分かりませんから、天気予報を見てみましょう。

3 分かりませんから、履いてみましょう。

4 分かりませんから、先生に質問してみましょう。

5 分かりませんから、電話帳で調べてみましょう。

6 分かりませんから、見てみましょう。

7 分かりませんから、聞いてみましょう。

Unit 37

1 リモコンです。エアコンを操作することができます。

2 高速ダビング機です。一度に5本のテープをダビングすることができます。

3 ワープロです。韓国語と英語の文書を作ることができます。

4 プレゼンテーションルームです。視聴覚機器を使うことができます。

5 大講堂です。映画を上映することができます。

6 火器厳禁ですから、たばこを吸うことはできません。

7 遊泳禁止ですから、泳ぐことはできません。

Unit 38

○

1 行ける	2 寝られる
3 読める	4 開けられる
5 座れる	6 教えられる
7 泳げる	8 持って来られる
9 結婚できる	10 入れる
11 切れる	12 歩ける
13 着られる	14 出られる

○

1 A：ギターが弾けますか。

B：いいえ、弾けません。

2 A：上手に歌が歌えますか。

B：いいえ、歌えません。

회화 연습 모범답안

3 A：海(うみ)で泳(およ)げますか。

B：いいえ、泳げません。

4 A：日本語(にほんご)で手紙(てがみ)が書(か)けますか。

B：いいえ、書けません。

5 A：料理(りょうり)が作(つく)れますか。

B：いいえ、作れません。

Unit 39

1 歯(は)が痛(いた)いし、おなかの調子(ちょうし)も悪(わる)いんです。

2 遠(とお)いし、お金(かね)がないんです。

3 忙(いそが)しいし、一度(いちど)見(み)たことがあるんです。

4 好(す)きじゃないし、昨日(きのう)もお酒(さけ)を飲(の)んだんです。

5 古(ふる)くなったし、同(おな)じものを持(も)っているんです。

6 仕事(しごと)が残(のこ)っているし、お客(きゃく)さんが来(く)るんです。

7 バスも地下鉄(ちかてつ)もあるし、免許(めんきょ)がないんです。

Unit 40

1 お金(かね)は日本(にほん)に行(い)くとき両替(りょうがえ)します。

2 免税品(めんぜいひん)は韓国(かんこく)に帰(かえ)るとき買(か)いますか。

3 夕食(ゆうしょく)は友達に会(あ)ったときします。